做个好文案

屈磊 著

一部开启文案小白写作心流的**进化方法论**

一本值得深度学习的文案写作**避坑指南**

电子工业出版社
Publishing House of Electronics Industry
北京·BEIJING

未经许可，不得以任何方式复制或抄袭本书之部分或全部内容。
版权所有，侵权必究。

图书在版编目（CIP）数据

做个好文案/屈磊著. —北京：电子工业出版社，2022.2
ISBN 978-7-121-42725-1

Ⅰ.①做… Ⅱ.①屈… Ⅲ.①广告文案 Ⅳ.① F713.812

中国版本图书馆 CIP 数据核字（2022）第 014861 号

责任编辑：于 兰　　　　　　特约编辑：田学清
印　　刷：天津千鹤文化传播有限公司
装　　订：天津千鹤文化传播有限公司
出版发行：电子工业出版社
　　　　　北京市海淀区万寿路 173 信箱　　邮编：100036
开　　本：880×1230　　1/32　　印张：9.5　　字数：213 千字
版　　次：2022 年 2 月第 1 版
印　　次：2022 年 2 月第 1 次印刷
定　　价：68.00 元

凡所购买电子工业出版社图书有缺损问题，请向购买书店调换。若书店售缺，请与本社发行部联系，联系及邮购电话：(010) 88254888，88258888。

质量投诉请发邮件至 zlts@phei.com.cn，盗版侵权举报请发邮件至 dbqq@phei.com.cn。

本书咨询联系方式：1069038421（QQ），yul@phei.com.cn。

推荐序

第一次见到屈磊,我还在读大四,他已经毕业,做起了广告工作。业余时间他喜欢拍拍东西,我平时写写小说,发在学校贴吧里。我们因文字结识,在学校门口见的面。

他是陕西人,看上去不太高,圆脸,尖下巴,说起话来眼睛炯炯有神。

他说:"你写的小说挺有意思,我想把它拍成微电影。"那篇小说,有个场景就设置在学校门口。他说我的场景描写得很棒,简直让人身临其境。他眼里放着光,挥舞着手臂,好像已经置身于拍摄现场了。

后来那部微电影当然没拍成,原因不明,可能因为没钱吧。毕业后,我们常一起撸串,谈文学,谈作家,谈写作。他说话一套一套的,因为他大学读的是中文系,对国内外文学了如指掌。我是学机电专业的,虽说爱写点儿东西,但除了村上春树,对文学一无所知。

我们坐在通惠河岸边的饭馆里,一串串羊肉入口,一瓶瓶啤酒下肚,他兴致高昂,口吐莲花,差点儿没当场吟诗一首。临走时,他说:"我准备写小说了,陕西盛产作家,我要把我们那儿的文学传统继承下来……"我说:"祝福你,出版后给我寄一本。"

但我不相信他的话,并非因为他喝醉了,吹牛皮,而是因为我知道他写不出来。他太忙了,毕业后一直做广告,没挣几个钱

（比我多），倒是一年比一年忙，身体还总出毛病，连读小说的时间都没有，更别说写了。

他把全部身心奉献给了广告业，他基本放弃了写小说的理想，甚至不再和我谈文学，一听到这两个字，恨不得打我一顿。

后来我终于明白，文学只是他的"恋人"，存在于幻想中；广告才是他的"妻子"。过了三十岁，他更爱"妻子"，"恋人"已是过去式。

如今，他和"妻子"的结晶，就是这本书。

那天他给我发消息，说他要出书了。我说："祝福你，出版后给我寄一本。"他说："你帮我写个序吧。"我说："我又不是名人，还能写序？"他说："你别忘了，我也不是啊。"

我们都"哈哈哈"地笑了。

最后我说："如果你以后还能和我谈文学，我就帮你写。"过了一分钟，他回："好，以后我们继续谈文学。"

知名自媒体人　八尺

自序

"丑话"说前头

有人问农夫:"您家麦子今年的收成如何?"农夫答:"我没有种麦子。"

那人问:"为什么不种?"农夫答:"我担心天不下雨。"那人又问:"您种棉花了吗?"农夫答:"没有,我担心虫子吃了棉花。"

那人最后问:"那您种了什么?"农夫笑了笑说:"我什么也没种,我不做无用功。"

几年前,当我在国内的一家 4A 广告公司任职的时候,公司老板常在午饭后让我陪他遛弯儿。有一次,他在向我传授自己近 30 年开公司的经验时,只说了一句话:菩萨问因,凡人问果。大意是功德无量的菩萨一心耕耘,自然有收获;而平庸无能的凡人只在乎结果,却从来没有为"结果"付出过什么,因此荒废一生。

这句点拨,我一直铭记于心。如果一个人,什么也不"种",却希望得到更多,那么他大抵是痴人说梦,与那个农夫一样,因果倒置,最后一无所获。

文案写作,同样如此。做个好文案,需要花费功夫去琢磨、花费时间去练习、花费精力去思考、花费定力去学习,它不是一件一蹴而就的事，也并非人人都可以做到。

很多广告行业的前辈说，文案不难。我觉得文案说起来不难，做起来难，想做个好文案，更是难上加难。所以，我想在开头说几句"丑话"，让你更深刻地理解我要在本书中表达的主旨和价值观。

"文案不是你想学就能学会的"

在刚入行时，我写文案基本上靠照猫画虎，大多以仿写为主。例如，在某手机上市的时候，我第一次写TVC文案，不知道怎么写，费尽了苦功。因为全新的手机要在某个大会上发布，所以要求格调高、尽显大气。那是一款售价几百元且几乎没有突出卖点的手机，让我好生为难。

为了写那篇文案，我寻找了很多案例，最后在一篇其他品牌的商务手机文案中找到了灵感，才写下第一句"每个时代，都有它的巨变与新生，只有突破旧黑暗，才可能拥抱大梦想。"之后，顺势而成。后来，那个TVC还获得了某个广告比赛的铜奖。

那是刚开始的蹩脚模仿。彼时的我，还不知道什么是"洞察""利益点"，更不知道如何开展自己的文案工作。虽然那时候我也看书学习，但是效果不佳。为什么呢？因为缺乏大量的练习。直到四五年之后，我才意识到这个问题——文案不是你想学就能学会的。

没有经过刻意练习的学习，是学不会任何技能的。就像我懂点乐理，买了一把吉他，也知道音名、唱名、和弦走向，偏偏不会弹奏，就是因为练习的时间不够，所以还是学不会。

做个好文案，必须要下功夫、苦心练，实践出真知。

"没有文案'圣经'，也没有'万能公式'"

市面上的很多有关文案的书，各家有各家的侧重点，各人有各人的道理和技巧，给人的启发也各不相同。但是，文案写作没有"万能公式"，好的文案既是理性的科学，又是感性的艺术。

新品上市文案与促销打折文案是不一样的，需求不同，产出的内容也大相径庭，因此没有一劳永逸的文案写作"万能公式"。我将从策略、技巧、心法三个层面入手，通过本书与你分享我对于"做个好文案"的思考路径。

到底什么是策略、洞察、文案？怎样做个好文案？好文案应该具备哪些要素？这些问题你都能从本书中找到答案。但我提供的也只是"解题思路"中的一种，而不是唯一答案。你应该通过思考和实践，找到自己的创作逻辑和创作方式。

"偷懒的人，不受欢迎"

我相信没有一家企业愿意招聘一个懒惰之人，更别说是智力密集型的广告企业了。一个从不主动提问、不主动思考、不愿意下苦功的广告人，终将会被淘汰。

信息大爆炸，导致人们的注意力稀缺，如果一则广告在第一眼就不受欢迎，那么它可能会永远被埋没。有人说，这是一个"酒香也怕巷子深"的时代,看见即存在,看不见即不存在。残酷的传播环境告诉我们,必须与整个时代同频共振,才可能让别人听到我们的声音,即使渺小,至少存在。

如果你是一个懒惰的人,从不更新系统,也不追求上进,只是沉湎于过去,而不是看向未来,那么我劝你尽早改行。想想看,多年前的广告行业依靠报刊广告获利。而现在呢?很多报社经营困难,纸媒逐渐让位于新媒体、融媒体,近几年短视频的兴起,又瓜分了纯文字内容创作者的流量。因此,广告人必须不断开阔眼界,丰富自己,跟上节奏。

要求自己不偷懒,是一个广告人应有的自律意识,也是跟上时代节奏的必备素养。

"无法独立思考者,请靠边站"

文案写作是脑力活动,它的目的之一是让受众产生某种"震动":有的是刺痛,"年纪越大,越没有人会原谅你的穷";有的是乡愁,"家,是不再想家的地方";有的是鞭策,"每个时代都在悄悄犒赏努力学习的人";有的是感动,"总有人偷偷爱着你";有的是酸楚,"将所有一言难尽一饮而尽";有的是自我,"人生这出戏,一旦要演,就要耀眼"。

太多可以唤醒我们万千情绪的文案,出自各大广告公司的顶尖文案人之手。他们是人性的观察者,随时随地捕捉生活之中的细节,运用自己的手法创作出释放"原欲"的文案作品,既让人为之倾倒,又让人为之消费。他们无一不是思考者。试想一个随风摇摆、没有独立价值观的人,如何写出打动人心的作品?

好的文案人拥有一双"毒眼",不但可以看穿现象背后的本质,而且可以将本质为我所用。这需要大量的思考练习,而思考往往是一个人的事情,无法独立思考者,请靠边站。

············

我有太多的"丑话"想说在前头,因为在当下的社会环境之中,一夜爆红的事件太多,急于求成的人不胜枚举,做个好文案,着实不容易。我们既要洞察时代,明辨是非,清醒而独立;又要找准传播"利害",一击即中,敏锐而毒辣;还要在喧哗之中正本清源,种下自己的"因",勤耕不辍。

本书教你如何做个好文案,也邀你一起写出让自己满意、让受众买单的好作品。本书不一定有多么华丽,但它或许能真正解决营销问题,让传播变得更加简单。

目录

| 第一篇 |
做个好文案，你应该从哪里下手

第 1 章 好文案，从策略开始 / 002

    1.1 优秀文案的铁三角理论 / 003

    1.2 洞察：深剖问题，找到命门 / 003

    1.3 策略：明确目的，提炼原则 / 009

    1.4 创作：上下贯通，形式统一 / 010

    1.5 总结：文案是发现，是沟通，是逻辑 / 012

第 2 章 洞察人心，文案才能深入人心 / 013

    2.1 人性的洞察，洞察的详解 / 014

    2.2 两大趋势，七种原罪 / 017

    2.3 从人性洞察之中找寻创意点 / 020

    2.4 冷眼看人，辣手"扎心" / 023

第 3 章 学会思维方式，文案信手拈来 / 025

    3.1 文案写作，不是修辞的堆砌 / 025

3.2 九种思维方式 / 026

3.3 运用九种思维方式的注意事项 / 041

第 4 章 文案写作技巧 / 043

4.1 文案创作基本指南 / 043

4.2 好文案,可以"抄" / 049

4.3 文案创作的切入视角 / 060

4.4 文案要设计趣味点 / 073

4.5 好文案,以"质"取胜 / 079

4.6 形成你的文案风格 / 095

4.7 文案共鸣,从哪里来 / 104

4.8 抢救文案"修辞病" / 113

| 第二篇 |

不同类型的文案,你应该怎么写

第 5 章 品牌文案怎么写 / 125

5.1 品牌命名最难办,三个步骤解决它 / 126

5.2 如何写出能够自传播的品牌口号 / 132

5.3 如何写好品牌故事 / 141

第 6 章 画册文案怎么写 / 149

6.1 画册已经落伍了吗 / 149

6.2 确认营销目标,清晰策略指向 / 151

6.3 找出销售问题，明确执行方案 / 153

6.4 规划制作流程，完成内容设计 / 155

6.5 创意思维联想，赋予传播能量 / 156

6.6 总结：哪里有创意，哪里就有感动 / 158

第 7 章 官网文案怎么写 / 160

7.1 官网文案是品牌与消费者的"初次见面" / 161

7.2 主页：一句话唤起心中的喜悦 / 162

7.3 产品 / 业务页："与我有关"才能引起共鸣 / 163

7.4 品牌页：公司价值观的设计技巧 / 166

7.5 招聘页：信息明确有好感 / 167

7.6 其他：不可缺少的细节 / 167

7.7 总结：官网文案是综合能力的体现 / 168

第 8 章 刷屏级广告歌曲怎么创作 / 169

8.1 刷屏级广告歌曲的类型 / 170

8.2 刷屏级广告歌曲的共同之处 / 174

8.3 简单三步走，创作广告神曲 / 175

8.4 刷屏的辅助：广告投放效果 / 177

8.5 总结：洗脑，洗脑，还是洗脑 / 178

第 9 章 海报文案怎么写 / 179

9.1 先弄清楚海报在哪里"出街" / 180

9.2 用文案筛选目标受众 / 182

9.3 海报文案的细节打磨 / 184

9.4 总结：看一眼，就爱上 / 190

第 10 章 | 微信文案怎么写 / 192

10.1 转发基因塑造"成瘾机制" / 193

10.2 强效内容："削尖"核心信息 / 193

10.3 快速传播：疯传的五种方法 / 195

10.4 重复节奏：持续性生产内容 / 200

第 11 章 | 视频文案怎么写 / 202

11.1 视频文案的角色 / 203

11.2 视频文案的逐一解码 / 204

11.3 视频文案的价值观 / 212

第 12 章 | 公关稿怎么写 / 214

12.1 媒介的新变化 / 215

12.2 受众的新变化 / 218

12.3 内容的新变化 / 220

12.4 总结：只有疯传，才有价值 / 223

第 13 章 | 野生文案怎么写 / 225

13.1 野生文案，诞生于刷墙文案 / 226

13.2 野生文案的特质 / 227

13.3 野生文案的受众洞察 / 229

13.4 野生文案创作三板斧 / 230

13.5 总结：野生文案的传播需要野生土壤 / 233

第 14 章 | 电商文案怎么写 / 235

14.1 电商文案，就是要卖货 / 236

14.2 写好电商文案的秘诀 / 237

14.3 电商文案，越来越难 / 242

第 15 章 | 销售话术怎么写 / 244

15.1 销售话术，发生在销售现场 / 244

15.2 写好销售话术的路径 / 247

15.3 为销售人员制造"杀伤性武器" / 251

| 第三篇 |
做个好文案，你要有哪些心法

第 16 章 | 好文案，好好说话 / 254

16.1 文案就是说话 / 255

16.2 好好说话的三层境界 / 257

16.3 好好说话，从今天开始 / 265

第 17 章 | 好文案，好好练习 / 267

17.1 伟大是"熬"出来的 / 268

17.2 刻意练习的奇迹 / 270

17.3 "上帝从不眷顾懒虫" / 277

第 18 章 好文案，好好积累 / 278

18.1 建立自己的思想库 / 279

18.2 成为合格的内容管理员 / 281

18.3 和时间做朋友 / 288

| 第一篇 |

做个好文案,你应该从哪里下手

在写文案之前,你是否抓耳挠腮,不知从哪里下手?你是否一边焦虑,一边自责,陷入自我怀疑的旋涡之中?你是否生拼硬凑,运用各种修辞手法,却总也写不出真正令人心动的文案?

别急,或许你只是方法不对。让我们回到思考原点,从头开始梳理文案写作的路径,让你在写文案时再也不犯难。

- ▶ 从洞察找策略。
- ▶ 从人性切痛点。
- ▶ 从思维塑形式。
- ▶ 从技巧强内容。

第 1 章

好文案，从策略开始

　　如果有人问你哪个品牌的文案写得最好，你该如何回答？你会告诉对方一长串你喜欢的品牌吗？如果对方又问为什么只有这些品牌的文案才称得上"好"，你又该如何回答？

　　好文案有很多，大多数人只知其好，却不知其哪里"好"，因为只有少数人掌握了文案写作的真正核心——洞察力。

　　洞察力是透过现象看本质的能力，它是通过对人的认知、情感、行为的动机及其相互关系的透彻分析，深入事物或问题的能力。

　　洞察形成策略，策略指导文案，文案反馈洞察，三者形成一个固定的逻辑三角关系，这就是优秀文案的铁三角理论。从"洞察—策略—文案"这一逻辑出发创作的文案，可以影响消费者的感知及行为，而消费者的感知及行为又不断印证洞察。

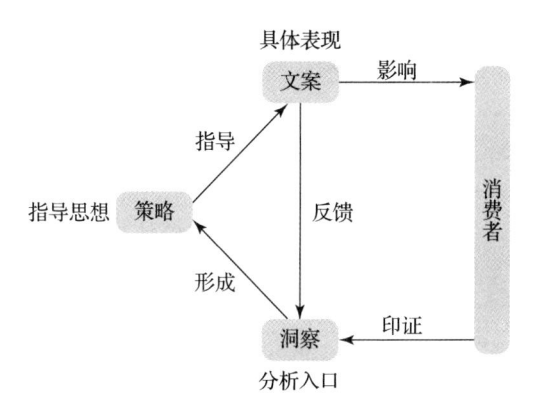

1.1　优秀文案的铁三角理论

优秀文案的铁三角理论如图 1.1 所示。

图 1.1　优秀文案的铁三角理论

洞察是分析问题的入口，根据洞察到的消费者痛点形成文案的指导思想，就是策略；以策略为指导，创作具体表现层面的文案；最终，创作出来的文案内容，影响消费者的感知及行为。

几乎所有的优秀文案，都要经历这样一个创作过程。那么，具体如何实现呢？首先深剖问题找到洞察点，然后明确目的提炼策略，最终统一形式进行创作。

1.2　洞察：深剖问题，找到命门

几乎所有的优秀文案都有其核心洞察点：有的洞察点是产品

利益和消费场景，有的洞察点是消费者情感，有的洞察点是传播要点。

例如，我们在为一个主打西游 IP 的乐园进行春节推广的时候，就是通过洞察成年人在现实场景与童年梦想之间的矛盾，捕捉他们哀叹时间飞逝的怅惘，从而写出以下文案的。

文案一：
每个大人都曾经是一个，
想要大闹天宫的小孩。

文案二：
第一次让我们追上梦想的，
是梦想中天马行空的风火轮。

文案三：
取得真经的路上，
少不了真挚的自己和最好的伙伴。

想写出具有洞察力的文案，我们必须在动笔之前思考一下：在我们创作的文案背后，用户最关心的是什么？

这一问题，可以通过"归纳—访谈—分析—结论"这一系列完整的工作模式得到答案。

这一模式具体应该如何执行呢？我以曾经为某款手机创作的海报文案为例进行还原。

1. 归纳：列出所有相关问题

谁在买该款手机？该款手机有哪些非买不可的理由？除了产品本身，该款手机能为用户带来哪些心理安慰？

可以说，深剖每一个问题都能找到一个文案写作的入口，只不过好的洞察点需要我们权衡利弊。

通过思考"谁在买该款手机"这个问题，我们知道了该款手机最大的用户群体是 18 ~ 35 岁的年轻人。这些年轻人是什么样子的呢？他们"渴望改变世界""拥有文艺情怀""对于美感高度苛求"，且有一部分人是创始人的粉丝。

问题是我们洞察的入口。接下来，我们可以找一些用户聊聊这些问题。

2. 访谈：对用户进行深度调研

访谈的最终目的是与用户深入沟通，了解他们购买产品的初衷、使用感受等，从众多调查样本中找出共同点或相似点，同时也是对上文中选定问题的补充与求证。

针对与手机上市相关的诸多话题，我们可以找目标用户进行深度访谈。首先，我们需要准备一些问题，如"你在买手机时，会买 ×× 手机吗？""×× 手机最打动你的地方是什么？""如果让你将 ×× 手机推荐给朋友，你会怎么推荐？"。

下面是我做的一些小调研，选择的样本是我身边 18 ~ 35 岁的年轻人（只保留重点对话）。

样本一：用户运营人员，男，32 岁

我："你在买手机时，会买 ×× 手机吗？"

他："不会，我对他们的实力有怀疑。"

我："你怀疑哪些问题？"

他："小公司啊。"

我:"就这个?还有呢?"

他:"没了。"

样本二:自由画家,女,27岁,苹果6s用户

我:"你在买手机时,会买××手机吗?"

她:"不会。"

我:"为什么呀?"

她:"没用过,不了解。我觉得手机还是买有实力的吧。"

我:"那你觉得哪些品牌比较有实力呢?"

她:"华为。如果是安卓的话,我买华为吧,据说国外好多人买华为,哈哈。"

我:"但你用的是苹果吧?"

她:"对,苹果6s。"

样本三:研究生,男,25岁,华为G9用户

我:"你在买手机时,会买××手机吗?"

他:"我主要参考价格,目前2000元以上的手机我是不会看的。"

我:"这款手机大概是1000~2000元。"

他:"那我下次换手机肯定会参考参考。"

我:"你以前一直没有了解?"

他:"以前不都是3000元起吗?"

我:"那是之前××系列的价格。你现在用什么手机?"

他:"我之前没怎么关注。华为G9。"

我:"你身边用××手机的人多吗?"

他:"我对象,其他人好像没有。"

样本四:设计师,女,29 岁,该品牌的铁杆粉丝

她:"之前它家手机我都买了,唯独没有买这款。我觉得这款新手机的某些功能有些哗众取宠。"

我:"哦。那你觉得,这个品牌最打动你的是什么?"

她:"工业设计和情怀,哈哈。"

我:"哈哈。那你在向身边的人推荐这个品牌的手机时会怎么推荐呢?"

她:"一般是在别的手机没有某些功能时向别人推荐,如我给朋友打电话,他很久才回复我,说手机在开会时静音没听到。我说那你换个××手机吧,它可以定时静音,然后讲一堆它的优点啊。"

我:"哈哈,以生活痛点为入口,加一些产品利益点。"

作为对该品牌有好感的人,当时的调研结果令我十分诧异。很多人对该品牌和产品的理解还很片面,没有我预期的那么好。

接下来,我们对问题进行一些梳理和分析。

3. 分析:梳理逻辑并给出方案

我们发现,很多人对该品牌和产品的理解还很片面,主要有以下几个方面的误解。

① 品牌误解。主品牌与副品牌混淆不清,对于两者不知怎么区分。

② 价格误解。X 系列与 Y 系列的价格混淆不清,还停留在

品牌诞生时的价格印象。

③ 功能误解。认为该品牌手机与其他安卓手机并无太大分别，且与苹果手机差距很大。

我们将这些误解归纳为两个核心问题：一是如何修正非品牌用户对新产品的认知错觉？二是如何让铁杆粉丝对新产品产生最初的惊艳感？

显然，问题一相对好解决一些，因为新产品的功能更新（旋转拍照）并非痛点，只能算是噱头。相比之下，对非品牌用户的宣传要容易很多。

因此，我们根据分析得出对策：将这次海报文案的重心，放在解决非品牌用户对新产品的误解问题上，修正他们对新产品的认知错觉，继而产生兴趣，最终激发其对新产品的购买欲望。

4. 结论：确定核心问题及潜在心理归因

通过一系列问题归因，我们得出了结论，也就是洞察的结果。

① 核心问题。大众对该品牌手机产生了多重误解，如误解了该款手机的价格，以为一般人买不起；误解了该款手机的功能更新，不知道它带来了前所未有的体验；误解了安卓手机的卡顿问题，认为这会影响手机的使用。其中，非品牌用户的误解是我们当下需要解决的关键问题。

② 潜在心理归因。主观感受极易引起误判。

1.3 策略：明确目的，提炼原则

经过以上路径洞察了核心问题，接下来，我们便可以明确文案创作的最终目的了。

一般情况下，文案创作有两种目的：一是激活消费理由，二是沟通品牌价值。前者偏重产品利益，后者偏重情感联动；前者输出卖点，后者输出情感。

要想达到这两个目的，我们需要很多环节：激活消费理由，可以通过痛点场景找到切入点，这是一个说服的过程；沟通品牌价值，可以通过情感连接建立关联，这是一个打动的过程。

1. 激活消费理由（说服的过程）

寻找痛点场景—赋予需求满足—带入卖点利益—引发消费行为。

2. 沟通品牌价值（打动的过程）

寻找情感连接—建立品牌好感—引入品牌信息—扩大品牌影响。

对于该款手机的粉丝，我们要实现"说服的过程"还是"打动的过程"呢？实际上，好的文案可以同时实现以上两个过程，既输出卖点，又输出情感。

但我们要解决的用户的误解问题是一个感性话题，同时该产品本身的功能卖点确实乏善可陈。综合多方面的考虑，最终我们选择了沟通品牌价值，即"打动的过程"。

我们找到了生活中很多有关误解或误读的场景，以此为痛点入口，将新产品的信息加入其中；同时，我们采取了一种转折形式的表达，以改变人们的固有思维。

最终，我们的文案策略是"用难以置信的真相，让你相信更难以置信的真相"。

1.4 创作：上下贯通，形式统一

在明确了洞察、策略以后，我们要正式创作文案了。文案的出发和立意都来自洞察，策略是具体的指导原则，文案的呈现必须始终遵循"洞察—策略—文案"的铁三角理论，目的要十分明确。

文案的形式、调性要与策略一致，避免风格差异太大。如果我们在策略中确定了一个比较稳重的文风，却在创作文案时使用了一种调皮的文风，那么极易陷入难堪的境地。

同时，在确定了策略以后，我们要切忌以下几点。

① 临时改变方针。突然想到一个特别好的句子，不用实在太可惜了，却完全不在意洞察与策略。

② 夸大与空洞。过分夸大产品效果或用户体验，让文案陷入一种"自嗨"又不自知的状态，令产品显得华而不实。

③ 刻意遣词造句。广告语往往是口语而非书面语，文案的遣词造句最好是浅白、直接的大白话。

最后，我们来完成一开始提到的任务，即为 ×× 手机创作一套海报文案。我们知道了用户容易被主观感受影响,对该产品有很多误解。基于这种情况,我们以"≠"为创意形式,创作了如下海报文案。

文案一:针对用户对主、副品牌混淆不清的误解(品牌误解)

极简 ≠ iPhone

自拍 ≠ OPPO

科技 ≠ 华为

年轻 ≠ 小米

××手机 = 博采众长

审美独立,万千宠爱

文案二:针对用户对新产品价格过于昂贵的误解(价格误解)

出色 ≠ 昂贵

漂亮 ≠ 昂贵

流畅 ≠ 昂贵

强悍 ≠ 昂贵

××手机 =1299元

厚重内涵,诚实价格

文案三:针对用户对新产品功能卖点的误解(功能误解)

能自拍 ≠ 会自拍

想创新 ≠ 在创新

懂科技 ≠ 爱科技

引潮流 ≠ 是潮流

××手机 = 玩闹智造

轻松自拍,爱不释手

1.5 总结:文案是发现,是沟通,是逻辑

文案不能凭空而来,也不能靠灵光一现,它需要一定的思维方式进行推导。文案是发现,是沟通,是逻辑。

我们要观察生活及用户的心理,找到核心问题,通过文案与用户进行沟通,最终达成某种共识或引导。

好文案,水到渠成。

第 2 章

洞察人心，文案才能深入人心

人性之奥妙，如横亘在穹顶之上的星辰，有时扑朔迷离，有时明亮耀眼。它有善的一面，也有恶的成分，它复杂且多变，令人难以捉摸。

对于人性，古往今来有很多作家给出了各种"扎心"的解读：莎士比亚说"地狱空荡荡，魔鬼在人间"，描画人世间悲凉的底色；尼采认为"人类最大的痛苦，莫过于在大海中渴死"，写出对孤独宿命的灵魂关照；王小波坦言"人的一切痛苦，本质上都是对自己的无能的愤怒"，讲述个体的无奈及命运的不可抗力。

人性是有两面性的：一面向阳，追求真善美，喜欢一切美好的事物；一面向阴，藏匿许多不能说的秘密，偶尔也会"越界"。

在电影《七宗罪》中，凶手围绕天主教教义的七种禁忌展开犯罪，"暴食""贪婪""懒惰""色欲""骄傲""嫉妒""愤怒"这七种人性之恶，对应现实生活中的种种场景。

佛教也说"苦集灭道",阐述人生从"苦"到"集",再到"灭",最后"得道"的过程,从人走向佛,从俗世走向涅槃。佛教说的"苦"有八种,即生、老、病、死、怨憎会、爱别离、求不得、五阴炽盛。

各家所言,无非是将人性之中的"痛点"区别出来,形成一套内在价值体系,运用于各自的教义及游说之中。

广告营销领域也常常利用人性弱点进行创作,很多文案同样紧扣人性。文案洞察,从本质上讲是对于人性及人心的探索,进而产出令人心动的文案。

文案洞察,从洞察人心开始,从刺中人性的奥秘开始,也从解析时代情绪与个人共鸣开始。

2.1 人性的洞察,洞察的详解

一双穿透人心的眼睛,能让人身体发麻;一句穿透人心的文案,能让人心绪难平。那些洞察了人性奥秘的文案,似乎是心灵艺术家巧用语言之威力铸成一把"刀",涂上令人着迷的"盐巴",硬生生插进心灵间的缝隙,不见一滴"血",却征服了许多人的灵魂。

发明遥控器的人知道有人怕麻烦,于是塑造了一种"躺着就能调换频道"的生活方式,这就是看到了人性贪逸的弱点。正如有的文案说"哪里不会点哪里",背后的人性逻辑是"轻轻松松学英语",但是,不努力背单词真的能学会一门语言吗?

人性的弱点是如果你敢描述一个美好的图景，他／她就敢相信。同时，人又能为自己的欲望找出无数个理由。你喜欢美食，又怕它们不健康，文案洞察了你的担忧，于是告诉你"人这一辈子，唯爱与美食不可辜负"，听到这句话的你呀，便再也没有了贪食的罪恶感。

每个人都有自己的问题，终其一生寻找解脱的答案，这就是文案展示"魔力"的时刻。在电影《调音师》中有一句台词：这社会不是偷窥癖就是暴露狂。我们不审视别人，也会被别人审视，只要存在，就有欲望。

要想写出令人汗毛冷竖的文案，你需要看透、看穿皮囊之下的七情六欲，点一把火将其引燃，这样人们才会对你着迷。

在这背后的实为洞察。洞察是"找寻—觅得—穷究—凝练"的过程，是将美女视为白骨并找到使其一触即散的机关，如同一位老僧的修炼，炉火纯青。

1. 找寻

你可以先将自己比作一个探测仪，向周身进行 360° 全域探视，捕捉所有可以激发灵感的人性碎片及内容。例如，为一款金融 App 写一套文案，你要先将自己放在与金融有关的生活层面之中，不断探寻那些"扎心"的场景。哪些场景能勾起人们对于金融产品的渴望呢？在父母生病需要用钱的时候，有人幻想如果能利用金融赚一笔钱该多好！在相亲中被对方小瞧的时候，有人幻想如果我的投资基金里有上千万元的存款就能让对方另眼相看！你需要截取无数个生活场景的横切面，从中寻找那些让人产生共鸣的片段，作为下一步的素材。

2. 觅得

有时候，摆在你面前的问题不是没有选择，而是选择太多。找到真正的洞察点，并不需要更多的获得，而是需要更多的舍得。还是上文关于金融的例子，有些场景过于低频，有些场景让人灰心，有些场景太戏剧化，不能真正深入人心。如果这款金融App是针对普通大众的，那么是否能切入更加大众化的场景？例如，在买煎饼果子时更从容一些，在买衣服时更干脆一些，在打车时更不纠结一些……找到一个正确的创意方向，确认一种更加大众化的场景联动，正是你觅得的结果。

3. 穷究

有了大方向，难道洞察就完成了吗？不是的，你还要穷究，穷究场景、表达方式、消费心理等。例如，创意一定要正着说吗？"金融能让你实现财务自由"是正说，"没有人会原谅你的穷"就是反说，这种巧妙的表达更有"痛感"，更能让目标消费者产生紧迫感，进而购买你的产品或服务。穷究的过程是一个舍弃的过程，平淡无奇的表达方式、粗枝大叶的文案描述，我们或许都可以舍弃，舍弃之后方能别有洞天。

4. 凝练

你没有机会对客户长篇大论，更没有机会对消费者口若悬河，商业交易的达成有时只需要一瞬间，一眼决胜负。所以，你需要凝练。凝练是将整个洞察呈现出来的过程，在找到洞察点之后，你还需要形成具体的文案，用一句话"刺中"消费者，推动其之后的消费动作。

例如，上文涉及的理财命题，延续"没有人会原谅你的穷"，通过网络段子表现"穷"，为"穷"找到一个解决方案，即用金融理财改变"穷"作为创意逻辑,我们可以写出以下"扎心"的文案。

一张去往诗和远方的机票,
只需要 3000 元,可你支付得起吗?
#××理财,享受无穷#

如果你善于洞察,文案的灵感就会奔涌而来,不怕思想枯竭,更不怕思路卡顿。因为只要你静下来,梳理人性的妙门,万花自然绚烂而至。

2.2　两大趋势,七种原罪

总的来看,事物的两面性构筑了人间百态。人性也可以一分为二,如阴与阳、善与恶、美与丑等,找到很多相互对立冲突的两面性。不过,对于广告人来讲,应该掌握的人性的基本机理是两大趋势、七种原罪。

两大趋势是指趋利和避害。人性是自私的,所以人性的两大趋势,一是得到更好的,二是规避更糟的。趋利避害的核心是什么?好的,我要更多;坏的,我要规避。

于是,广告人的基本任务就是承诺给予更多美好或规避所有风险。例如苹果的"把 1000 首歌装进口袋里",就是承诺一种便捷的美好;而加多宝的"怕上火,喝加多宝",则是规避一种具体的困境。

趋利——承诺美好。给你一个只需 30 秒就能斩获 1000 万元的财富机会，你愿意要吗？如果这个机会是真的，那么我相信很多人可能会挤破头去争取，这就是趋利。趋利的核心是"利"要真实，因为消费者不是傻瓜，只有真实的"利"才会获得粉丝的拥戴，这也是互联网中常说的"创造价值"。

避害——规避风险。每个生命的终点都是死亡，所以生物有极强的求生本能。从求生本能衍生出来的就是规避风险的天性，惧怕的情绪也由此产生。如果对你来说"胖"是"害"，那么减肥产品就是避害的利器。规避风险，也是消费者非常基础的心理诉求。

基于以上两大趋势，我们基本上可以掌握人性的轮廓。然而，走近人性，我们还可以继续细剖，延续七种原罪的模型，为文案写作建立基本的逻辑框架。

一为贪。贪吃、贪便宜等都属于"贪"。电影《华尔街之狼》揭示出金融界的贪婪野心，让人们看到了贪欲的罪恶。"鱼与熊掌不可兼得"，但是人性的贪恰恰要两者兼得，十全十美。因此，广告文案会承诺"既可以 ×× 又可以 ××"，或承诺"花一元钱得到超值的体验与享受"，这就是切中了人性中"贪"的弱点。

二为厌。喜新厌旧。对于陈旧的事物，我们往往会觉得腻了、烦了、厌了，觉得没有新鲜感。如果某种产品能带来一种新颖的体验，它就更容易给消费者一种特别的满足感。例如，"洗了一辈子头发，你洗过头皮吗？"就提供了一种前所未有的体验，激发了消费者想尝试一下的欲望。

三为懒。闲散是人类原始的基因。《人类简史》提到，智人时代的人类除了集中打猎，其余时间都在聊天及休闲，可见懒是写在人类骨子里的基因。所以针对懒，人类发明了很多产品，同时也传达了一种理念：躺着就能获利。例如，有的产品名就以"懒"命名，"懒人阅读""懒人听书""懒人英语"，为消费者提供一站式资讯服务。著名男装品牌海澜之家的广告语是"男人，一年逛两次海澜之家就够了"，够不够懒？但是它足以解决男人的问题了。

四为妒。嫉妒也是人类的天性，它源于生物的求偶本能产生的比较心理。在求偶背后有一个基础逻辑：获胜者得到优先择偶权。自然界的很多动物都需要在求偶中与对手竞争，有的比歌喉，有的比武力，有的比速度，总之都要比较，而比较会产生嫉妒心理。大量的广告作品运用了产品的比较、用户体验的比较、使用效果的比较等，将人类天性之中的"妒"释放出来。

五为怕。恐惧心理。你怕蛇吗？你怕穷吗？你恐高吗？每个人的内心都有对于某种事物的恐惧，恐惧也是让消费者竖起耳朵的"诱饵"，利用恐惧心理更是广告中常见的方式。"你知道××可能导致××吗"这种句式被反复使用，因为它极易唤起消费者的恐惧情绪。"得了灰指甲，一个传染俩"就是对恐惧心理的利用；"别让这座城市留下你的青春，却留不下你"也塑造了一种令人害怕的结果。利用恐惧心理就是放大痛点，向人们呈现一种难以接受的事实，将"怕"转化为购买力。

六为色。一个正常人对于异性的性特征会有一种天然的注意力。利用男性对女性的这种注意力带动相关产品的销售，是一种传统的广告逻辑。但是，今时不同往日，在女性成为当下传播环境中的消费主力军之后，男性明星越来越受到品牌主的喜爱。女性具有消费话语权，品牌主自然利用男性明星"斩获"女人心，促进品牌及产品的扩张。

七为执。执就是"我执"。"我执"为佛教用语，是指人类执着于自我的缺点。每时每刻的情绪、念头、感官，以及无穷无尽的理想、欲望等，都属于"我执"的范畴。理想自我，也是"我执"的一部分。广告常常为消费者塑造一种理想自我，以满足其"我执"的需求。例如，罗永浩的锤子手机利用"情怀"塑造了一个具有普适性的理想自我，让消费者成为"天生骄傲"这一价值观的粉丝，继而实现其商业诉求。在国内营销人中，一手缔造了背背佳、好记星、8848等著名品牌的杜国楹可谓此中高手，他切入不同的消费群体，塑造鲜明的形象，抓住的就是人们对于理想自我的执念。

两大趋势、七种原罪，是人性的基本机理。掌握了其中的奥秘，我们就能找到洞察的入口，庖丁解牛，摸索出消费者的心理动机。

2.3　从人性洞察之中找寻创意点

回到文案写作，从人性洞察之中找寻创意点，可以让我们创作出真正与人心相扣的作品。

我们引入一个为一款饮品写一套海报文案的例子，发布场景是社交媒体，核心目的是提升销量。我们暂定产品名是"冷茶"，产品定位是冷饮产品、手工磨制、三种水果口味,核心利益点是"给人透心的清凉与甜蜜"。

从七种原罪出发,我们可以一点一点地找到最佳切入点,并写出与之相对应的文案。

一看贪。如果消费者什么都想要,文案就可以给消费者两个以上的选择,满足其"贪婪"的心理需求。消费者对于"凉爽"和"甜"都想要,本产品就可以给消费者双倍的体验感。例如:只花一杯饮品的钱,喝出双倍的爽和甜,冷茶,甜甜又凉凉。

二看厌。如果喜新厌旧是人之常情,那么在文案中塑造一种新鲜的体验,便可以实现突破。冷茶的新鲜体验是什么?哪种体验能引发消费者的好奇心?我们试着塑造一种特别的体验,文案也许就会水到渠成:让舌尖发烫的凉,你体验过吗?冷茶,一次舌尖的冒险。

三看懒。"一次性解决×××""永久×××""彻底×××"等,这些都是针对人性之"懒"的文案。想达成某种目的,却懒得通过复杂的手段达成,这就是人爱偷懒的心理。想想看,冷茶怎么能让人"懒"一下?找到那个动机,我们的创意文案就诞生了:一年只喝这一杯,一杯彻底透心凉,冷茶,"没齿难忘"的凉。

四看妒。和其他人、其他事物、其他情绪比较等,都是可以勾起嫉妒心理的方式。从产品维度出发:冷茶可以和热茶比,也可以和凉茶比;从人群维度出发:喝冷茶的人是什么样子的?他们与喝中式茶的人相比有什么特点?他们与喝咖啡的人相比又有什么特点?从这些维度中找到比较点,就可以写出相应的文案:

有人在高处品味寒,有人在市井凑热闹,人间清醒,喝冷茶。

五看怕。恐惧心理其实就是害怕。放大某种焦虑、错失某种好处、害怕某种结果等,都是利用恐惧心理让人害怕。以前在农村地区算命的人,就是利用人们的恐惧心理,讲述某个让人害怕的宿命,然后提供解决之道。当然,这个"解决之道"需要用钱买,买个"符"化解一切。这也是此类文案的写作逻辑,先放大某种焦虑,再提供解决之道,而这个解决之道就是产品的功能点或利益点。

我们首先思考:冷茶可以为消费者弥补哪种缺失?如果不加弥补,那么这种缺失带来的后果是什么?然后,我们用这种缺失作为文案入口,让消费者产生心理缺口,进而让其为了弥补这个心理缺口产生购买行为,例如:气大伤身爱上火,喝冷茶静一下。

六看色。色是"原欲"。人性的底色往往带有欲望的某种显露,"色"就是直面自己的生理暗示。自人类有史以来,无论是神学体系还是民间力量,都有关于"色"的描述,在绘画艺术与文学作品中也包含大量此类内容。

冷茶怎么能与"色"关联起来呢?在画面上,可以用饱满湿润的水果营造娇嫩欲滴的视觉效果,而文案再向性感的方向靠近一些,"色"的感觉就能表现出来。例如:她舌尖的冰爽,打开唇齿的味蕾,冷茶也可燥热难耐。

七看执。理想自我的固执获取就是执。每个人的内心都有一个理想自我,并会为此付出各种代价去追求,这样就会陷入"执"的境地。"执"不是消极的痛点,而是人们不断追求的、正向的价值。喝冷茶的人心目中的理想自我是什么样子的?我们只要重塑理想状态下的消费人群,就可以写出让核心消费者动容的文案:不知道他们究竟,热闹个什么?冷茶,不温不火。

人性是窗口。透过人性,我们可以看见创意的诞生,找到文案的切入点。在以上例子中,我们通过一款并不存在的"冷茶"演绎了不同文案的写作方式,从人性的不同角度出发写出了不同的文案。

需要注意的是,一款产品或一个品牌最好找到一个最佳切入点,重点投入、长期投入,打透这一个点,从而真正地树立品牌。

2.4 冷眼看人,辣手"扎心"

人是社会性动物,企业是社会的独有形态,产品是商业的支撑点,而文案是将这一切连接起来的工具。文案要了解人性,更要捕捉社会情绪,还要吃透产品,将产品关键点与人性相联系,将人性与社会情绪相联系,打通时代大趋势、个体小情绪和产品关键点的中枢脉络,让才思奔涌而出。

与此同时,通过洞察人心,你要用一双冷眼看清人为什么而动容、为什么而消费,找到问题的关键命脉,一击即中。

如何才能做到这一点呢?首先,你需要有敏锐的目光,发现一些普遍的社会情绪,如女性意识觉醒、消费主义倾向等,这些是这个时代的集体共鸣,其中暗藏着人们的情绪共鸣与情感共振。其次,你的眼睛还要"毒"一些,读懂人性的奥秘,如倡导女性意识可以说"做自己",针对消费主义可以说"花钱的美学"等。

总之，在了解了人性之后，每一个文案都可以试着真实地切入一种人性的弱点，形成真正"扎心"的作品。

做个好文案，你需要一双"冷眼"，保持距离地看待人和事，看透问题背后的实质；你也需要一双"辣手"，真刀实枪地创作，不厌其烦地磨炼，直到写出深入人心的作品。

第 3 章

学会思维方式，文案信手拈来

我们在小学的时候几乎都学习过各种修辞手法，包括比喻、拟人、排比、反复、顶真等，也用各种修辞手法造过句。可是，当我们开始工作，在正式写文案的时候，为什么对于这些修辞手法就是想不起来、就是不会用、就是不会写呢？

可能是因为你的思维方式出了一点小问题，它关上了门，将灵感拒之门外。而我要帮你做到的就是打开思维之门，为灵感找到出路，真正地发挥思维的潜能。

3.1 文案写作，不是修辞的堆砌

文案写作，不是修辞的堆砌。真正的文案"老司机"在开始写作之前，会围绕命题深入思考，用他清奇的思维、鞭辟入里的洞察，找到某个令人意想不到的切入点。这个切入点，就是"灵感"的源头，它是用"锥子"扎人要下手的地方，一击即中，令人"痛"不欲生。

如果你的"锥子"不知扎向哪里，写作也不知从哪里落笔，那么可以试试以下九种思维方式。一旦打开了思维之门，你就会发现，灵感不请自来。

3.2 九种思维方式

3.2.1 火树银花式

火树银花，是古代诗人对于烟花的优美形容。它通过冲爆一个点，散发出绚烂的流星式火花，给人以美的感官体验。

以"点—线—面"的逻辑呈现的思维方式通称"火树银花式"思维方式，即首先对一个核心关键词进行发散，然后找出很多个联系词句，最后从中挑选具有关联或冲突的词句。火树银花式思维方式如图 3.1 所示。

具体的思维过程是：首先，你要确定一个与主题相关的核心关键词；然后，写出一系列形容它的词语或句子，随便写，越多越好；最后，从中找出具有对立或统一关系的两三句联系在一起，形成完整的文案。

以一句耳熟能详的文案为例，"成功的速度一定要快过父母老去的速度"。这句文案的核心关键词是"速度",那么以"速度"为核心关键词,我们可以写出各种类型的形容速度的词语或句子,形成从中心向外发散的思维框架。

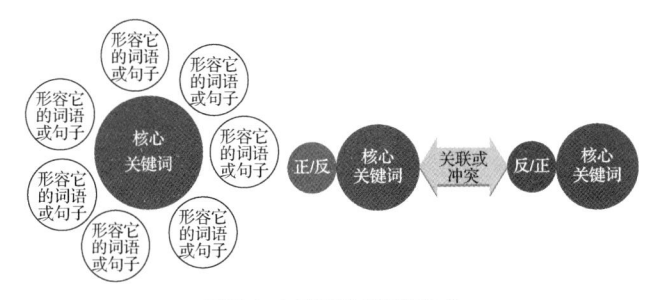

图 3.1 火树银花式思维方式

核心关键词:

成功的速度 / 奔跑的速度 / 风的速度 / 樱花下落的速度 / 我追你的速度 / 心跳的速度 / 父母老去的速度……

可见,形容速度的词语或句子有很多,我们从中找出相互关联或相互冲突的词句,将其联系在一起即可。

例如,我们选取"成功的速度"与"父母老去的速度"作为对比,就可以写出如下文案。

文案一:
成功的速度一定要快过父母老去的速度。

文案二:
父母老去的速度总是赶不上孩子成功的速度。

以上两句文案,是从一个思维方式之中推导出来的,但又是两种不同的内涵与情绪。文案一隐含一种奋发向上的激励态度,主题是鞭策人们努力上进，赶超父母老去的速度；文案二却带有一种叹息，似乎是一位老人面对自己所剩无几的时光，产生的无奈与惆怅。

同样的思维框架，选取同样的关键词，却可以得出完全不同的文案，这就是火树银花式思维方式的作用。

照此类推，沿用核心关键词"速度"，利用这一思维方式，我们还可以展开以下不同角度的思考。

核心关键词：速度——快

发散：什么东西快？快的场景有哪些？如何形容快？——青春 / 呼啸而过的风 / 时间可真快 / 赶快 / 追……

关联：青春逝去＝呼啸而过的风

冲突：青春不复返 vs 想留住青春

运用关联或冲突，我们可以得出不同的文案。

文案一（关联）：
风带上青春呼啸而去。

文案二（冲突）：
青春并未走远，它就印在心底。

我们需要对一个核心关键词进行发散，找出很多个形容这一核心关键词的词语或句子，再将其中具有关联或冲突的词语或句子联系在一起，形成完整的文案。这就是"发散—联系—冲突"的火树银花式思维方式。

3.2.2 盗梦空间式

陕西省宝鸡市扶风县法门镇有一个著名的佛教古寺——法门寺。法门寺内矗立着一座佛塔，塔下出土过一件名震中外的宝物，那就是释迦牟尼佛指舍利。当时，有一枚影骨舍利由八重宝函包藏，在一个超大的盒子中是一个大盒子，大盒子又套着一个中等大小的盒子，其中又套着一个小盒子，总共打开了八个盒子，人们才见影骨舍利的真面目。

如同电影《盗梦空间》一样，剧中剧，**梦中梦，套中套**。将这种形式感引入文案创作，就是盗梦空间式思维方式：**不同句子环环相扣，形成文案的超大空间感**。像拍摄电影时镜头的"推拉摇移"，这种思维方式通过形式上的错落、统一或排比，表现文案的内涵。

举个例子，当代诗人雷平阳的诗歌《亲人》，是我特别喜欢的一首小诗。它通过文字空间的收缩，从云南省写到昭通市，从昭通市写到土城乡，从土城乡写到亲人，最后落笔于"这逐渐缩小的过程／耗尽了我的青春和悲悯"，像"套娃"一样写出了自己对家乡的钟爱。这就是盗梦空间式思维方式，如图3.2所示。

图 3.2 盗梦空间式思维方式

此类文案的写作逻辑，或由大到小，从一个比较大的范围逐渐聚焦到具象的小事物；或由小到大，从小的事物拉伸到大的外延。它像电影镜头的"推"和"拉"一样，制造更加深远的空间感。这种写作逻辑可以具体区分为扩散、收缩、勾连和蒙太奇，如图 3.3 所示。

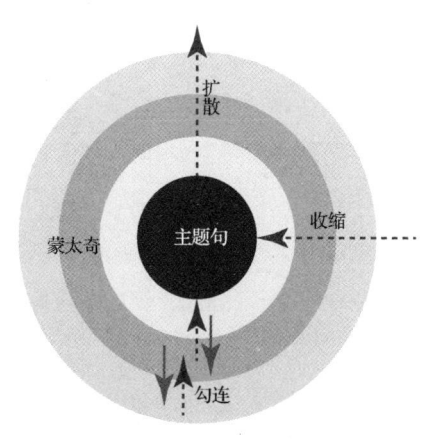

图 3.3 盗梦空间式文案的写作逻辑

① 扩散句。由小范围到大范围。

我是一个有爱的人，我爱北京天安门，我爱中国，我爱世界，我爱宇宙，我爱时间和空间，我爱飞。

② 收缩句。由大范围到小范围。

我是世界，我是中国，我是北京，我是王府井，我是一个爱吃稻香村的人。

③ 勾连句。复沓排比,进一步退三步。

今年过节不收礼,收礼只收脑白金。
车到山前必有路,有路必有丰田车。

④ 蒙太奇。各种碎片意象的拼接。

弹弓,卡片,父母天天吵架,鸽子飞了,红领巾又被撕碎了,我躲在被窝里哭泣……这就是我的童年。

我们可以通过相同句式或相同尾字的方式,形成递进、递减、联系或冲突的关系,逐渐制造文案的空间感。

扩散或收缩,不断重复递进,读起来更顺口,表现浓烈情感;勾连或蒙太奇,给人的印象更深刻,更加深入人心。

有这样一句文案:"一次就好,一生就好,是你就好"。在形式上,这句文案看似运用了反复的修辞手法,其实在思维逻辑上它是不断递进的,"一次—一生—你",表达对象从动量词到意蕴更大的名词,再到"你"这个具象的人。有意思的是,将"你"放到最后,正好强调了"你"大于"一生"的逻辑内涵。

芝华士父亲节的经典文案《因为我已经认识了你一生》,就是以这种排比形式的递进逻辑创作而成的。除此以外,京东金融刷屏的文案《你不必成功》也可以归入这种思维方式。

我们在写文案之前,心中要先有一个逻辑框架,写下最想表达的那个主题句,再用排比、反复、顶真、叠字等形式填充内容,形成完整的文案。

3.2.3 勾股定理式

勾股定理解释了"在同一平面内,两点之间线段最短"的道理。由勾股定理勾勒出的直角三角形,呈现了这样的关系:从 A 点到达 C 点,有一条最短的线段;可是为什么从 A 点要经过 B 点,绕一圈再到达 C 点呢?

这种关系为文案写作提供了一个启示:绕圈圈,也是一种表达方式。

假设我们要表达"我喜欢你"这句话,好文案不会这么直白地表达,它会借助一个喻体作为中介:我喜欢美好,恰巧你身藏千万种。如此表达,自然又新鲜,比较容易达到脱颖而出的效果。

勾股定理式思维方式如图 3.4 所示。

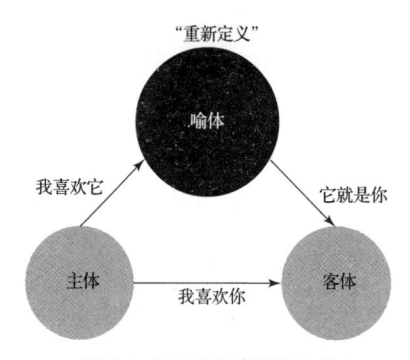

图 3.4 勾股定理式思维方式

借助一个喻体,通过"重新定义",将原来直白的表达升华为更优美、更具有灵气的文案内容。

例如,安踏"林李大战"的文案就运用了这种逻辑:"真正的对手,是你最想赢的那个"。这句文案为"我要赢我的对手"加入了喻体"对手＝最想赢的那个"作为中介，给人一种非同寻常的观感。

又如这句文案："世界上有一种专门拆散亲子关系的怪物，叫作'长大'"。这句文案借助"怪物"这个不太和谐的词语作为中介，传递"长大"的残酷性。

以下文案或画面，也是用"绕圈圈"的方式表现的。

① 角色转换呈现时间的稍纵即逝。

上一秒，你是父亲的儿子。
这一秒，你是儿子的父亲。

——西铁城

② "偷换概念"表现正向状态。

伟大的反义词不是失败，
而是不去拼。

——耐克

勾股定理式思维方式通常借助其他喻体表达一句关键语，也就是直路不要直着走，而要以绕圈圈的方式走。

3.2.4 负负得正式

好事多磨，一波三折。人们对于来之不易的东西，往往具有更强的占有欲。否定之否定，即塑造一种在文案中"过山车"的感觉：先以否定句刺激受众感官，让受众将全部注意力集中到文案标题上，引发其好奇心，然后进行转折，改为正向叙事，传递相应的内容。

例如，领英在 2020 年联合广告圈多位"大佬"共同推出了一则视频《不要做广告》，整个视频以否定语气劝诫广告人，迅速引起广告圈内的强烈轰动。

通过逆向思维的方式，以否定开篇，将一系列反语运用其中，正话反说，从而起到突出强调的作用，这便是"否定之否定"的负负得正式思维方式：否定 + 否定 = 肯定，如图 3.5 所示。

否定　　否定　　　　肯定

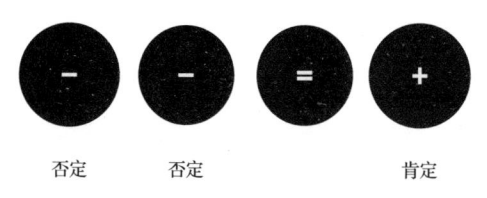

图 3.5　负负得正式思维方式

人类具有趋利避害的天性，对于某些危险的事物天生具有恐惧感，所以对"害怕""恐惧""危险""失去"等词语会自然而然地产生警觉和重视，如此便会不自觉地进入我们设定的"文字陷阱"之中。

很多品牌的现象级刷屏文案就以反语作为开头，吸引受众继续读下去。这种以反语开头的思维逻辑，就是逆向思维的典范。一般来讲，这类文案由于针对人们"害怕失去"的心理，刻意强化某件事情的焦虑感，因此能引起更多共鸣。

负负得正式文案的写作逻辑是：先确定否定词，如用"我不敢""我不想""我不要""你不必""别这样""禁止""Stop"

等词作为开头,再附加价值观,然后反转逻辑,引入品牌的沟通核心。

这样的文案,比平铺直叙式文案的触达效果更好,因为它大大刺激了受众的注意力,激发了受众的观赏欲望,所以有更高的记忆度。

3.2.5 楚河汉界式

我们经常说"人是矛盾的综合体",因为人总是在好坏、善恶、多少、高低、贵贱、贫富之间挣扎,正如《易经》传递的"一阴一阳之谓道"的思想,所以对抗和冲突是人天生的气质与禀赋,"广告狂人"叶茂中为此还专门写过一本叫作《冲突》的书。

很多文案采用了不断放大各种冲突的方式,其写作方法比较简单,直接运用反义词,将两难的矛盾放大,最终刺激受众的消费欲望,以解决文案中的矛盾。楚河汉界式思维方式如图 3.6 所示。

图 3.6 楚河汉界式思维方式

例如,我曾经写过如下文案。

小有大作为。

热爱永不冷却。

你说的对不起，是没关系的事。

总之，这类文案以寻找冲突关系为思考原点，然后扩大冲突，产生强烈的驱动力，促使受众通过消费解决冲突，达到心理上的平衡。

3.2.6 经典重塑式

在华与华的品牌营销原理中经常提到一种思考逻辑，即"文化母体—品牌寄生—超级符号"，就是在人类的集体无意识中寻找人们熟知的句子，将品牌寄生于此，然后形成"一目了然、一见如故、不胫而走"的"超级符号"，让人们在无意识的情况下接受这个品牌。

把"这句话好像在哪里听过"的思维放到文案写作中，其实就是"寻找人们耳熟能详的句子—编入品牌信息或文案内容—产生新的文案进行传播"的过程，俗称"老瓶装新酒"。

《记黄鲁直语》中的"三日不读书，便觉语言无味，面目可憎"，被许舜英改为"三日不购物，便觉灵魂可憎"，如此经典的广告文案，将这种重塑思维发挥到了极致。还有美林香槟小镇的《圣经三部曲》，以人类宗教智慧作为原始文化母体，通过对品牌的编辑加工，形成了一套十分精彩的地产广告。

运用这种思维方式创作文案也比较简单，我们只要找到与品牌相关的经典句子，进行相应的修改即可。

例如,《论语》中比较著名的句子,我们都可以用来创作有趣的文案。

① 适用于旅游平台的呼朋唤友去远游的文案。

有朋自远方来,和他一起再去远方。

② 适用于教育网校学而思的品牌文案。

学而不思则罔,学而思则有好未来。

③ 适用于大空间旅行车的卖点文案。

父母在,不远游,游必开 Wagon。

3.2.7 人物访谈式

如果某一天你的状态特别差,在以上思维方式都试过的情况下还是写不出一句像样的文案,那么我的建议是:与不同的人聊天。

无论是同事、朋友,还是客户,与不同的人聊天的过程,会时不时地给你一些惊喜的洞察与发现。

人一旦陷入自己的思维定式中,有时很难跳脱出来。与不同的人聊天,让他们谈谈自己对于某个品牌、某款产品的理解,可能会开辟更多的角度,带来更多的惊喜。

有时候,你只需要提出一个问题,通过不同的人给出的不同答案,就可以形成一套完整的文案。

记得在为某个内衣品牌比稿的时候,我写过一篇关于"舒适感在于掌握分寸"的文案,就是在与别人聊天的过程中找到的灵感。同事分享她在买化妆品的时候,有些销售人员会说"姐,你相信我",她听到后特别烦,觉得很冒失。由此,我写出了一篇关于"分寸感"的文案。

人与人之间,
需要保持一段"安全距离"。

不替别人做主,不种植价值观。
男士送女士回家,不随便上楼喝茶。
闺蜜的感情问题,你的格式并不兼容。

那种动不动就说"姐,你相信我"的人,
真的很讨人厌,也显得尤为冒失。

真正的亲密关系,是舒服和轻松,
是你我之间相知而不冒犯的距离。

恰如 ××

我通常会在实在没有想法的时候,找身边的同事或某个朋友聊一聊,顺手记下重要的点子,最终由此延伸,帮助自己完成相应的文案工作。

3.2.8 巧用数学式

第八种思维方式与上述思维方式不同，这种思维方式已经不仅仅停留在文字层面上，而是上升到了创意形式的层面上。

文案不够，图形来凑。有时候，某些数学符号、排版形式的创新，也会使整套文案散发不同的魅力。例如，我们经常看到的加号、减号、乘号、除号等运算符号及问号、感叹号等标点符号，都可以用于文案创作，为受众呈现独特新颖的感官体验。

很久以前，某手机在新品上市的时候做过一套"减法"海报"别把钱花在手机上"，通过该产品与其他产品的价格比较，突出该产品性价比高的优势。

除此以外，网上还有其他符号形式的创意，可作为此类思维方式的参考。

在某个租车 App 的项目中，品牌核心信息是"新人首单立减 150 元"，我以"减号"作为画面创意，再配合"减法"文案，完成了该系列海报文案的创作。

文案一：

山－早高峰＝放空山。

心里的失意减少了，

山里的诗意才会更多。

减去生活中的压力山大，

－150 元租车去山上神游。

文案二：

周末－朝九晚五＝森林浴。

风"减"去森林的刘海,

树和我都不由得深呼吸。

减去忙碌的事业心,

-150 元租车去森林神游。

文案三:

千山万水－苦水＝快乐源泉。

生活会变甜的,

只要我们减少倒苦水。

减去现实生活的苦水,

-150 元租车去海边神游。

3.2.9 词语连连看式

在文案创作之中,常见的现象之一是利用谐音梗完成文案,这是在创作时比较讨巧的一种方式。因为我们在写作中很容易通过一个词,联想到它的同音词或近音词,然后将它们联系起来,形成一句文案。

这种思维方式,我称为词语连连看式。

长时间从事文案这一行业,很难为这样的文案动心。但是它作为一种思维方式,还是可以借鉴和使用的。而且,很多经典作品也正是通过这种方式创作出来的。例如,我曾写过以下文案。

我喜欢,

不被大众喜欢。

我固执己见,

反对他人的偏见。

我走自己的路,

哪怕它是人迹罕至的路。

我爱世界,

但我要先爱自己。

爱自己,

要先——做自己。

#×××,做自己#

当你在文案创作中灵感阻塞的时候,不妨使用以上九种思维方式,从头到尾梳理一遍主题,从各个角度重新思考,最终解放自己停滞不前的"灵感"。

3.3 运用九种思维方式的注意事项

第 3 章内容的核心目的是打开思维之门,让更多人快速获取"创作灵感"。它并不能代替"策略"和"洞察"对于人群、消费、竞品分析的作用，但它仍然是文案创作者需要训练的核心能力之一。

优秀的文案创作者应首先利用直指人心的洞察寻找沟通核心和文案主题，然后运用以上九种思维方式进行文案创作。同时，每个人的思考逻辑和习惯不同，以上九种思维方式不可能穷尽每个人的逻辑和习惯，所以不同的人可以根据自己的思维方式进行相应的调整与改良。

最后，积累不能代替思考，思考也不能代替创作。拥有了好的思维方式，你还需要大量的创作练习，才能最终达到信手拈来的境界。

第 4 章

文案写作技巧

熟能生巧,在我看来,这个"巧"就是技巧。如果策略、洞察、思维方式解决的是"文案从哪里来"的问题,那么文案写作技巧针对的就是"文案如何呈现"的问题。它既是从日积月累的工作中总结出来的经验,又是在具体实操层面需要达到的标准。

掌握这些技巧可以让你更好、更快地完成具体的文案工作,也可以让你更加深入地了解文案构造之中的每一个细节要素。

4.1 文案创作基本指南

对于文案创作来说,有没有一条基本的创作路线呢?答案是——当然有!

通过这些年的阅读积累及工作经验,我总结了一条文案创作的基本路线：一个中心，两个基本点，四项实践原则。

一个中心：

以"需求"为中心。

两个基本点：

一、坚持差异化定位；

二、坚持品牌/产品露出。

四项实践原则：

一、坚持"盲目"从众的大众心理；

二、坚持权威背书的强大作用；

三、坚持"我有第一"的独特价值；

四、坚持突出功能的利益呈现。

4.1.1 一个中心：以"需求"为中心

无论是品牌需求、市场需求、用户需求、产品需求，还是场景需求等，文案创作的起点都是为了满足某种需求。不同的需求，产出不同的内容，塑造不同的风格，达到不同的效果。

因此，文案创作的中心是围绕"需求"展开的。认不清需求的人，写不好文案。认清需求，我们至少需要以下三个具体步骤。

1. 首先听对方怎么说

无论是什么样的需求，传达需求的一定是人，我们面对的信息来源也一定是某个人的大脑。因此，我们一定要仔细听对方怎么说。

2. 然后让对方给出具体示例

语言容易产生误解，因为内心世界难以完全用语言转译，一个词语或一个句子在不同的人心里产生的理解并不相同。在沟通了需求之后，我们最好能让对方给出具体示例，并对其需求再次进行详细说明，这样才不容易产生理解偏差。

3. 最后与对方再三确认

由我们复述一遍需求，并与对方再三确认，主要针对一些细节问题和模糊不清的问题，搞清楚这些问题才不容易走弯路。

对于文案创作者来说，需要认清的需求至少有两层：第一层是工作需求，一般是某个人（客户、上级或同事）向你传达的工作要求，是最表层的需求；第二层是工作需求中的内容需求，文案工作会围绕一些市场营销的问题展开，这些问题涉及产品、用户、市场、竞争等，是我们需要研究的内容需求；另外还有第三层、第四层的需求，包括如何让领导满意的需求、投其所好的需求等。

总之，万变不离其宗，你的文案需要触达的是某个人的大脑。理解和研究对方的"需求"，是文案创作者最根本、最核心的关注点。

4.1.2 两个基本点：坚持差异化定位，坚持品牌/产品露出

文案创作的最终目的，不是声量，就是销量。在一般情况下，产品要提升销量，先要有品牌声量；有了品牌声量，自然能够提

升产品销量。对于文案创作者来讲，通过创意加工让品牌/产品产生更大的影响力，是基本的职业修养。

如何才能做到这一点呢？文案创作者需要坚持以下两个基本点：坚持差异化定位，坚持品牌/产品露出。

1. 坚持差异化定位

差异化定位，听起来像品牌策略，其实好文案和品牌策略是合一的。例如，一提起拍照手机，你的脑海中可能会首先想到OPPO，因为它的广告语几乎都是与"前后2000万，照亮你的美"这样的拍照卖点相通的。

沿用"差异化"的思维，在文案创作之前，我们一定要思考："我"的差异化定位在哪里？它们如何与竞争对手相区别，从而让大众更好地认识、记住并爱上"我"？

威廉·伯恩巴克为甲壳虫创作的一系列经典广告，如"想想还是小的好""量入为出"等，一下子让小而精美的车型成为街头的热捧对象。所以，在创作文案之前，我们一定要明确差异化定位是操作安全还是工匠精神，是性价比高还是文艺情怀。

差异化定位要求我们创作的文案要先切合品牌的独特卖点，再表现与其他竞品的不同。无论是形式还是内容，独特的就是唯一的，更容易受到消费者的青睐。

2. 坚持品牌/产品露出

为什么要将"坚持品牌/产品露出"作为文案创作的两个基本点之一？因为我发现现在很多广告创意设计得很棒，广告片拍得像大片，广告画面做得像艺术品，却常常弱化品牌/产品露出。甲方公司花了几十万元拍一个广告片，观众记住了感人或炫酷的画面，就是没有记住品牌/产品名，更没有记住品牌/产品所传递的利益点、信息点，这样的广告意义何在？

我认为的好广告有哪些呢？例如，脑白金、加多宝、田七牙膏、山东蓝翔、婷美内衣、步步高点读机、小天才儿童手表等，这些广告无一例外，都十分强化品牌/产品露出，无论是画面还是文案，处处有品牌，处处有利益点。

4.1.3 四项实践原则：从众心理/权威背书/独特价值/利益呈现

"一个中心"和"两个基本点"是明确文案创作的核心目的，"认清需求问题，抢占消费者心智"是强调发现需求及品牌/产品露出的重要性。而具体的实操方式或创作原则，是以下四项实践原则。

1. 坚持"盲目"从众的大众心理

从众心理是社会心理学的高频词，几乎每个人都有从众心理。当人们置身于群体之中时，为了获得安全感，个体行为往往会群体化。从众心理在广告中的应用非常多，如"四个小伙伴，三个用滴滴""红米国民手机""三亿人都在用"等，这些广告以"热销、潮流"等作为从众心理的包装，潜台词是"这么多人选，肯定没错啊"。

2. 坚持权威背书的强大作用

权威背书是广告中的常用手法，创始人、名人、专家、企业家、深度用户、KOL（关键意见领袖）等都属于权威背书的范畴。

它们大多将某个对消费者来说具有信任感及影响力的人作为传播发声者，以此获得更多消费者的信任及认可。

创始人背书："陈欧体"。

名人背书：成龙代言霸王。

专家背书：小罐茶大师作 / 专家推荐舒适达。

企业家背书：王石代言 8848。

用户背书：花呗 # 活成我想要的样子 #。

3. 坚持"我有第一"的独特价值

此处的"我有第一"，其实是对于独特价值的诠释。例如：突出品牌领导地位，"连续多年销量遥遥领先""凉茶领导者""高端厨电领导者"等；强调品牌来自古典传承，"始建于1949，中华老字号""唐时宫廷酒，盛世剑南春""集三千年西凤精华，酿一杯华奥美酒"等；彰显开创者身份，"重新定义手机""汽车发明者再次发明汽车"等。

以上示例都在强调"我有第一"的独特价值：品牌第一，"我是××领导者"；传承第一，"几千年传承必然经典"；品类第一，"我发明了××""我重新定义了××"。

无论是在市场上，还是在各行各业的竞争与较量中，人们往往只能记住第一。所以"第一"就是占位，就是抢占消费者心智。人们能记住第一个登上月球的宇航员是阿姆斯特朗、世界第一高峰是珠穆朗玛峰，又有谁能记住第二、第三呢？

4. 坚持突出功能的利益呈现

以制作工艺、产品价值为重点强调的利益呈现，能突出品牌与消费者的利益关联，让消费者一下子明白产品特性，并让产品进入他们的选择序列。

找到产品最突出的功能点，将其转化为消费者所需的利益点并进行呈现，可以让品牌/产品与消费者产生深度关联，进而提升品牌声量或产品销量。

4.1.4 总结：文案创作基本指南，只是基础路径

文案创作基本指南，从以"需求"为中心，到坚持差异化定位、坚持品牌/产品露出，再到"从众心理""权威背书""独特价值""利益呈现"四项实践原则，只是一条文案创作的简单路径、基础路径。

在文案创作中，沿着这一条路径前进，可以为你的具体创作提供指南。但是，它只是一条基础路径，在文案创作中还有很多技巧，掌握更多技巧，你的文案会写得又好、又快、又顺利。

4.2 好文案，可以"抄"

好文案，可以"抄"。为什么这么说？因为在创作这条路上，往往是"前人栽树，后人乘凉"。

以前我总以为原创就是"前无古人，后无来者"，空前绝后才是原创。但是后来我发现，原来并没有"纯粹的原创"。

我们引以为傲的诗歌，追本溯源，其实都是民间口语。中国的《诗经》、西方的《荷马史诗》，基本都是集民俗典故之大成，发展出了千年的诗歌文化。

正如詹姆斯·韦伯·杨说过的那句老话：旧元素，新组合。不仅创意是这样，创作也是这样。这就是我所说的"抄"。以前我很瞧不起那种"组合式"的创作，非要石破天惊不可。后来我发现，虽然形式会雷同，但是气质可以百变而独特。

布莱士·帕斯卡的《思想录》中有这样一段话："但愿人们不要说，我并没有说出什么新东西——题材的处理就是新的。在人们打网球的时候，双方打的是同一个球，但总有一个人打得更好。"这段话可以作为本节的注解："抄"，指的是题材与形式感，质感和美感你是"抄"不来的。

4.2.1 文案到底是什么

从内容形式的角度来看：文案是字词句篇。文案由"字"这一基本单位组合而成，字组成词，词组成句，句组成篇。从表现形式上来看，这就是一篇文案组合而成的过程。

从创造的角度来看：文案是遣词造句。文案创作者需要将字词进行组合，最终形成文案。而这个过程或技能，就是遣词造句。

从功能影响的角度来看：文案是消费催化剂。文案是广告的一部分，广告是市场营销的一部分，而市场营销是为了让消费者花钱买单。所以文案应该成为消费催化剂，成为促使消费者花钱买单的心理元件。

很多人还说，文案是心灵之术或"忽悠"的技巧，这些说法都为其赋予了某种内涵，或崇高或贬低，这里不再赘述。

4.2.2 "抄"是借鉴，而不是照搬

俗话说"天下文章一大抄，看你会抄不会抄，抄来抄去有提高。"文案的"抄"，并不是将原文照搬的那种单纯的"抄"，如果只是单纯的"抄"，买一台复印机就好了，何必需要一个大活人呢？

我所说的"抄"，用业内的话来说，是找参考、找出处，以一种更加切合调性的方式创作文案。这种"抄"是学习别人的形式及逻辑关系，为自己的内容做一个包装，并不算照搬。

京东金融有一则刷屏广告《你不必成功》，以"你不必"开头，将各种场景用排比形式联系在一起，形成了一篇打动人心的文案。而我利用这一形式，也曾经在JEEP汽车的比稿之中创作过一套以"他不必"为主题的文案，以此串联该品牌所拥有的"永不退役的信仰"。

> 他不必在同一个地方被摔284万次。
> 他不必连续16年被女运动员天天追着打。
> 他不必为获得27个奥运会冠军、36个全运会冠军而骄傲，因为他只是个陪练，他不必上战场。
> 他不必肩周、腰椎间盘、膝盖、脚踝等多次负伤，
> 也不必为旧伤复发而疼痛难忍。
> 他甚至不必成为一个380斤的胖子。

他不必隐姓埋名甘心做小超市的老板。

他不必被大众熟知，他只是奥运会冠军背后的"冠军"。

他也不必被信仰，即使他仍有永不退役的信仰。

一个"你不必"，一个"他不必"，读起来像"亲姐弟"，但是这两个文案也谈不上"抄袭"。毕竟，前者写的是一群普通人的状态，而后者写的是运动员的精神，两者在内容的质感上还是有很大差距的。

"抄"是借鉴，而不是照搬。文案可以"抄"，但要"抄"得好、"抄"得妙，甚至"抄"得比原来更优秀。

4.2.3 文案灵感来源的四个方法

什么是"抄"得好、"抄"得妙？对于文案创作者来讲，到底应该怎么"抄"？上文提到，"抄"其实是文案灵感来源的方法。由小到大，我总结了以下四个方法。

1. 抄字眼

我们在写文案时偶尔会陷入一种呆滞的状态，这时候可以翻看其他案例，可能一个字就能让你一下子打开思路，进入顺畅的创作状态。

例如，我之前看到了一条广告语"贵在生活本真"，其中的"贵"字让我获得了一种文案创作灵感。针对"贵就是好"的传统意识，为了表现某种产品的高端，同时解决人们对于产品定价过高的质疑问题，我们可以用"贵"字作为题眼，展开一系列文案的创作。在文案中列举产品定价高的原因,可以与消费者达成某种沟通,解答消费者关于定价的疑惑,同时将产品与其他竞品区别开来,获得营销方面的优势。

#所以贵#

没有劣质××,所以贵。

不含××,所以贵。

进口××,所以贵。

精心打磨××年,所以贵。

一字解千愁。一个字往往可以衍生出不同的内容,让你"脑洞"大开,进行后续的创作。

再以众所周知的长文案《我害怕阅读的人》为例,大多数从事文案工作的人都能对它倒背如流。如果仔细品读这篇文案,你就会发现它其实运用了一种反直觉的手法。我们一般比较喜欢阅读的人,觉得他们有涵养、知识丰富等。但是,这篇文案的核心关键词是"害怕"。为什么害怕?因为在阅读的人面前,普通人会认识到自己的无知、浅薄,"让自己显得无知、浅薄"就是一种内在的"害怕"。这篇文案充分突出了阅读的人的自我认同感,因而受到热捧。

你有没有想过对"害怕"这个词进行发散,创作属于自己的文案呢?

2020年的新型冠状病毒肺炎疫情,是一场危害全人类的健康和生命的灾难。在此期间,医护人员成为赶赴病区的"逆行者"。如果我们要为医护人员写一则感恩他们的公益文案,就可以围绕

"怕"字写出以下文案。

#你怕不怕#

你怕不怕累？

你怕不怕剪掉自己的长发？

你怕不怕身体浸在防护服里浮肿？

你怕不怕自己有可能也被传染？

你怕不怕——回不去？

"我怕。所以我才不能怕。"

××医院×××

以一个字作为文案创作的灵感来源，延伸出相应的内容，这就是"抄字眼"的方法。

2. 抄逻辑

有人说写文案最重要的是逻辑，这个说法我部分同意。为什么很多文案看起来不出彩？因为它们往往使用日常生活中比较常见的语言，平铺直叙，很难让人耳目一新。换句话说，平铺直叙太常见，所以大家不喜欢。

有时候，换一种表达方式或表达逻辑，可能会出现意想不到的效果。中央电视台一直被大众认为是一个比较严肃、端庄的平台，容不得半点玩笑和戏谑，直到"段子手"朱广权的走红才打破了大众的这一印象。朱广权在播报新闻的时候，经常运用"押韵技能"，妙语连珠，成为在央视新闻史上押韵最多的主持人，形成了极高的辨识度，以下是朱广权的一些语录。

地球不爆炸，我们不放假，宇宙不重启，我们不休息。

风里雨里节日里，我们都在这里等着你，没有四季，只有两季，你看就是旺季，你换台就是淡季。

想一想，如果你以这样的思维逻辑写一个专业性较强的科普文案，深入浅出，那么是不是也会让人耳目一新，成为一种记忆符号呢？

回到广告世界中，文案大师尼尔·法兰奇为金牌马爹利写的文案《原料篇》，成为后来的借鉴者竞相模仿的范本。其中最著名的借鉴者，就是长城干红葡萄酒的"三毫米的旅程，一颗好葡萄要走十年"。

仔细品读这两个文案，你会发现两者的逻辑几乎是一样的：尼尔·法兰奇写的是一颗好葡萄要经过筛选和时间的打磨，最终"这原初的葡萄才成为唯有非常幸运者才能享受到的金牌马爹利"；而俞静为长城干红葡萄酒写的长文案，将葡萄拟人化，描述的也是葡萄的成长经历，走了十年，才有资格成为葡萄酒。

同样的逻辑，万科也用过类似的句式。

万科在造一座城。

从电梯到楼梯，
万科用了20年。

阳光穿过3米的距离，

万科走了 20 年。

让深圳人的脚步慢下来，
万科用了 20 年。

找回当年的纯真，
万科用了 20 年。

我们在写文案的时候也可以学习这种思维逻辑，沿用某些喜欢的文案，分析其创作结构，借鉴其文案模式，塑造自己的作品。

3. 抄场景

把一台 POS 机与诗歌融合到一起，会产生怎样神奇的火花呢？银联 # 诗歌 POS 机 # 创意将山区孩子的诗歌与办卡服务联系起来，打造了火爆全网的创意活动。

这场创意活动将 POS 机刷卡的场景放大，把以前非常细微的日常场景带到人们的视线之中，以创意互动的方式提高人们的参与感，让更多人自发地传播。

其实这种创意并非银联首创，早在 2015 年，巴黎街头就出现过类似的装置——短篇小说自动售卖机。通过按动相应的"时间按钮"，人们便可以选择不同篇幅的小说或诗歌，利用碎片时间进行阅读。

同样的场景，类似的装置，"诗歌 POS 机"加入了山区孩子的诗歌才华，让这场活动变得更加公益化，联动人们的情感点，从而扩大传播范围。

我们可以将其作为场景借鉴的模板，在我们写文案的时候，很多场景也是可以"抄"一下的。例如，周冬雨代言的 RIO 微醺系列小酒，以女孩的"怀春心事"为创意点，衍生出一系列文案。那么在涉及针对女性消费群体的品牌和产品的时候，我们也可以使用类似的方式和场景，创作适合自身品牌和产品的文案。创意画面可以设计为女孩若有所思的表情，表现"少女心思"，再结合一些产品属性，即可形成相似的文案。

画面：女孩拽起花裙子一角，低头害羞地看着脚下。
文案：
让我差一点点跌入，
早春的酒窝里呢。
＃穿花裙，踩春风＃

以女孩在穿上新衣服时美滋滋的感受为出发点，表达女孩开心得不能自已的心情。这就是一个"抄"过来的场景，"抄"的是"女孩心里话"这样的创意点。

其实，生活中从来不缺乏场景，只是缺少发现场景的眼睛。我们只要找到适合自己的场景，加入新的细节，就能创作出属于自己的文案。

4. 抄情感

世间大多的人、事、物，都逃不过一个"情"字。情感是人类生活中不可缺少的一部分，甚至是我们很多行为的动力。

文案的终极目标，是打动人心。通过什么打动人心？答案便是情感。让我们为之心头一动的，是爱、恨、委屈、不舍、惊喜、遗憾、思念、悲愤等情感。人们的情感交织在日常生活中的每时每刻，那些令人感动的细节一旦被捕捉到，就可能成为佳作。

其实，共鸣无非是一个文案创作者借自己的笔让别人感受到相同的情感，这是所有文字工作者最有魅力的瞬间，也是他们孜孜不倦追求的"高光时刻"。

我说的"抄情感"，就是捕捉情感中的细腻之处，展现令人动容的片段，激发人们的联想，最终向大众营造一种品牌"懂我"的效果，真正联动品牌与大众的情感共鸣。

很多人会用情感，但用得不怎么样：一谈到爱情，就是"唯有爱不可辜负"这种空话；一谈到友情，就是"干了这杯酒"；一谈到亲情，就是"妈妈的皱纹"……这些说法大而空泛，而且人们已经习以为常，即使通过文案技巧使其合辙押韵，也无法动人。

也有把情感用得很好的正向示范，如劲霸男装的一篇文案《记住这个男人》，铺叙一群男人的奋斗史，让人动容。它以"混不好，我就不回来了"为开头，刻画不同类型的奋力拼搏的男人们，有"如果不去闯就觉得白活一场的男人"，有"别人靠关系、靠家底，你只靠不认命的男人"，有"因为不服气""才有了好运气的男人"，最后将情感转移到产品上，让人们记住那些男人，同时也记住产品。

情感文案，最微妙的地方就在于它刻画的画面感。寥寥几笔，如果那幅画面能让你动情，它就获得了成功；如果那幅画面能让你落泪，它就赢得了胜利。

我们在"抄情感"的时候，同样可以沿用别人的洞察点，为自己的品牌和产品做文章。仍以《记住这个男人》为例，它洞察的是男人在这个时代中奋斗拼搏的身影，是他们为承担家庭责任而走南闯北的干劲。沿用这一洞察点,我们也可以写出一些情感文案。我为某款酒品牌创作的以下文案,就运用了这种方法。

让我们举起杯,
为男人碰个杯。

你是如果不哭,
就没喝到位的男人。

你是爱夸海口,
却没有去过海口的男人。

你是如果没有理想,
就不知道想什么的男人。

你是因为沉没,
而在现实中沉默的男人。

来吧!男人们!
一杯敬往事,一杯敬未来。

让我们举起杯,
为男人干杯。

#××酒,男不怕难#

一旦找到情感共鸣点，我们就可以延续这份情感，将一些细节片段组合起来，最终形成让人心动的文案作品。

4.2.4 总结：其实我说的并不是抄

"抄"，并不是投机取巧的方便之门，而是一种学习和借鉴他人长处的技巧，从而让自己快速成长。

作为职场人，我们经常遇到一些紧急工作，最终期限规定我们在一定时间内必须交出作品，恰巧这时候没有灵感，就会很尴尬。

在这种情况下该怎么办呢？你可以找到一个切入点，也就是我说的"抄"，从别人的作品中寻找创作的灵感，然后完成工作。这也是培养你"全部素材皆为我用"的能力，从所有人身上都可以汲取营养。

一个聪明的文案创作者，不妨学会这种"抄"的方法。

4.3 文案创作的切入视角

在从事文案工作的这些年中，我看了不少书：有文案类型的书，如《蔚蓝诡计》《创意之道》《文案发烧》《科学的广告》《一个广告人的自白》《文案创作完全手册》《小丰现代汉语广告语法辞典》等，都是在网络上广泛流传的经典书籍；还有营销类型的书，如《定位》系列、华与华的《超级符号就是超级创意》、叶茂中的《冲突》《广告人手记》《营销的16个关键词》等，当然还有菲利普·科特勒的经典之作《营销管理》。

其中，我反复读的是这几本：叶茂中的《冲突》、华与华的《超级符号就是超级创意》、菲利普·科特勒的《营销管理》、杰克·特劳特与阿尔·里斯的《定位》系列、乔治·路易斯的《蔚蓝诡计》和《广告的艺术》。这些书让我受益良多。

以上每本书都有各自的知识体系，为营销、广告、文案提供了不同的切入视角。在 4.3 节中，我将介绍如何为文案创作找到切入视角。

4.3.1 广告大师创作指南

我有一个案例库，里面整理了一些我个人比较喜欢的作品，它们的创作者多是 4A（美国广告协会成员公司）体系中的那些广告大师。有些作品在今天看来已经过时，但它们独辟蹊径的角度还是可以学习的。

每个大师都有自己写作文案的"套路"，如罗瑟·瑞夫斯的 USP（独特销售主张），大卫·奥格威的 3B（美女、动物、婴儿），威廉·伯恩巴克的 ROI（关联性、原创性、震撼力）等，每个大师都有自己的习惯方式及思维逻辑。

我将他们的经典理论重新梳理，形成了一套文案创作的切入视角，以下七种方式教你找到自己的切入视角。

4.3.2 货架思维显自己

奥格威有一个著名的广告案例"穿海撒威衬衫的男人":一个"独眼"形象的男人,穿着海撒威衬衫,单手叉腰,八字胡。这个广告很快被人们记住,流传至今,成为经典。

这样一个"扎眼"的形象,刺激了人们的联想能力。我们会十分诧异:这个人为什么是独眼?他有什么故事?由此带动更多人去探索、了解,甚至通过阅读长篇的广告寻找答案。

这就是利用一个令人惊诧的形象作为"钩子",吸引更多人的注意力,从而推销自己的品牌或产品,如同在超市里的众多商品之中,那个最亮眼的包装一定会首先吸引你的注意力,让你多看一眼甚至购买。我称这种思维为"货架思维",其具体逻辑如下。

1. 拥有引人观看的另类形象

"独眼"形象本身就是一个很有故事感的形象,他和同时代的其他广告模特都不一样,因此一下子成为话题中心。

2. 形象本身对行为有驱动力

驱动力,是指让人们在看到广告以后产生某种行为。这种行为不一定是直接购买,也可以是阅读、观看、传播、讨论等。就"独眼"形象来说,本身足以引起人们的好奇心,让人们阅读广告,并向其他人传播广告内容。

3. 拥有激活购买欲的理由

产生购买欲是发生在人们认知产品之后的行为。人们只有在真的注意到一则广告并对其传播的产品感兴趣的时候,才可能做出购买行为上的支持,并向其他人推荐。

同理,在国产广告之中也有类似的创意:华与华打造的著名案例"厨邦酱油",借助"绿格子餐桌布"这一令人熟悉的文化母体,设计厨邦酱油瓶的包装,让人们对货架上的厨邦酱油产生"一目了然、一见如故"的亲切感,进而激活人们的购买欲。

以货架思维反观电商平台的广告内容:假设我们现在打开电商平台的某商品购买页面,花花绿绿的设计、纷繁复杂的信息,让人不知道应该进入哪一家店铺。这时候,如果有一个页面设计独特、文案突出、更富创意,具有极高的辨识度,那么我们很可能会率先进入该店铺,深入了解一下它的商品。

这就是货架思维的核心目的:让别人注意到"我"。

在如今这个信息过载的时代中,如何吸引人们的注意力已经成为一个非常大的广告业务难题。因此通过一个特别的形象,让人们走过来,愿意主动了解"我",无疑是一件非常重要的事情。

所以,对于文案来讲,无论是标题的命名还是画面的设计,都可以再创新一些、再"反叛"一些、再具有冲击力一些。

4.3.3 理想人格再塑造

减肥产品往往有使用前、使用后的对比图片,告诉你使用其减肥产品可以快速瘦成使用后图片中的样子。这就是"理想型"状态的塑造。

曾经有一款名为婷美的丰胸内衣产品,该产品通过在各大电视台高频投放广告,一时间风靡大江南北。我至今还记得那则广告的画面:倪虹洁挺胸部一挺,说出"做女人挺美",自信而张扬。这则广告,为女人塑造了一种"理想型"身材。

广告之所以不断强化"理想型",是为了打造品牌受众的理想人设。例如,一个骑哈雷摩托车的人,呈现为穿皮衣、戴墨镜的霸气形象,就是这个品牌的"理想型"。

广告要向人们传递某一个形象,促使喜欢这一形象的人喜欢某一个品牌,成为该品牌的拥趸。

李奥·贝纳在广告史上的杰出贡献之一,就是将万宝路的定位从最初的女士香烟变为一个代表男子汉力量的品牌。他借助西部牛仔的形象,打造了一系列彰显万宝路男性气质的广告:西部牛仔在马背上奔驰,给人一种非常豪放的感觉;广告语也很简单——Welcome to Marlboro(欢迎来到万宝路世界)。通过塑造极度鲜明的品牌形象,广告迅速让人们具有了明确、美好的品牌联想。

理想人格再塑造的具体逻辑如下。

1. 寻找个性鲜明的理想形象

什么样的形象最能代表"男子汉"?美国文化中的西部牛仔挥舞鞭子驰骋荒漠的状态,不就是"男子汉"的理想形象吗?极具鲜明个性的理想形象,是提高品牌好感度的基础。

2. 展现"理想型"生活场景

西部牛仔田园牧歌式的生活场景,淡烟变成重口味的香烟,将两者浓缩在一起后,你看见的是粗犷、豪迈的男性生活场景,他们抽着万宝路香烟,展现出令男人向往的生活图谱。

3. 将形象与品牌关联起来

利用标题或设计,可以将形象与品牌关联起来。当人们看见西部牛仔时，就能联想到万宝路，形成强记忆。

广告是为品牌服务的，它是塑造品牌个性的必经之路。如果我们在创作的过程中找到了那个"理想型"的形象，并以此为基础写文案、做创意，就可以为品牌积累无形资产。

4.3.4 逆向思维新创作

伯恩巴克为艾飞斯出租车设计过一个"甘居第二"的定位，使该品牌成为20世纪60年代美国出租车行业中的杰出品牌。后来，杰克·特劳特成立了一家定位公司，还在《定位》这本书中将这一案例作为定位理论的案例背书，并将其总结为"定位思维"。

不过我的偶像乔治·路易斯也说过，定位是入门，与上厕所之前要拉开拉链一样，是基本功。但我从《定位》中确实获益不浅。以艾飞斯出租车为例，其文案说"当你只是第二时，你会更努力"，完全契合人们对于"第二"的印象，因而能打动人心。

这就是我要说的逆向思维。

我们很容易在人群中找到一个光头的人，并且记住甚至谈论那个光头的人，这也是当年在《非诚勿扰》刚开播时孟非和乐嘉这两大"光头主持人"足够亮眼的原因之一。如果我问在你的印象中有哪些光头的人，那么我猜你的脑海中可能会出现葛优、徐峥、郭冬临等人的身影。这种"光头"的形象有别于日常审美，因此能以极具辨识度的标签铭刻在我们的脑海中，成为我们的长期记忆。

仔细想想，这其实暗含了一种逆向思维，也就是"光头场域"：那些逆向思维的产物，往往更具辨识度。

无论是做广告还是写文案，与别人不一样本身就是一种创意。寻找一个未曾被注意到的视角，我们就可能创作出具有影响力的作品。

例如，奥格威的经典广告"多芬香皂"，本来产品的定位是在男士干完活后洗脏手用的，但是奥格威找到了一个更加性感的场景——女士洗澡护肤专用。他把多芬香皂重新定位为"皮肤干燥的女人使用的沐浴香皂"，一下子便使该香皂风靡全美，我觉得这甚至可以称为化妆品广告的鼻祖。

将产品定位为女士护肤专用，借用洗澡的场景，奥格威创作了"新的洗浴香皂在沐浴时滋润您的肌肤""多芬令您肌肤完美"等文案，成为经典之作。

我们在创作时也可以通过逆向思维另辟蹊径，找到一个类似"光头场域"的亮点，让产品脱颖而出。

4.3.5 真实感说服艺术

如果让我在广告大师的文案之中选择我最喜欢的文案，那么一定是甲壳虫汽车系列文案。（这套文案写了很多年，不知是威廉·伯恩巴克的创意，还是乔治·路易斯的创意，也可能是两位大师共同迸发的灵感。另外，文案撰稿人是朱里安·肯宁，请大家记住这个伟大的名字！）

甲壳虫汽车系列文案应该是到目前为止持续时间最长、篇幅最多的系列文案，它将这款汽车为人诟病的所有缺点都转化为消费利益点，每一篇都有专属场景，每一篇都是经典。

仔细品读，这一系列文案的创意点都是以"真实"作为出发点的。别人觉得甲壳虫汽车小、丑，它没有反驳，而是全盘接受，并以此为切入点，展开相应的文案游说："想想还是小的好""它很丑，但它能带你到想去的地方""丑只是表象""你因收入太高而不便购买"等。一张图片、一个标题、一段文案，将甲壳虫汽车为人诟病的所有缺点都转化为卖点。

"真实"需要很大的勇气，尤其是对于广告人来说。广告人善于"说谎"，而在真正遇到产品问题、品牌问题的时候，往往难以直接面对，更多的是搪塞。自入行以来，我经常听到的竟然是"这个问题你不要提，客户已经意识到了，你这么说会让客户下不来台"的论调，每当这种时候，我都为这个行业感到悲哀。

但是，其实我们很早就在甲壳虫汽车的广告中看到了很多闪光点。它正视自己的问题，如小、丑、没面子等，然后向大家表明小的好处、丑只是表象。这种基于"真实"创作的广告，像一个人坦率的自嘲，反而获得了更多人的好感。

因此，对于我们的文案创作来说，敢于"揭发"自己的短处，并将短处转化为长处，也是一种十分独特的创作方式。

假如你的产品定价高，你就坦诚地说它有点儿贵，并告诉消费者它贵在哪里；假如你的品牌只服务小众群体，你就坦诚地说它与世界格格不入，向消费者宣传它的独特性；假如你的公司请不起代言人，你就坦诚地说我们不请代言人，因为我们更愿意把钱花在真正有需要的地方……

消费者是聪明的，只有与消费者真诚沟通才能获得他们的支持，因为真实感本身就是一种说服力极强的沟通艺术。

4.3.6 挑战话术博眼球

尼尔·法兰奇富有传奇色彩的一生，让他的广告也显得个性十足。在他的广告作品之中，人们最熟知的莫过于皇家芝华士的广告："这是皇家芝华士的广告，假如你还需要知道它的价格，翻过这一页吧，年轻人"。

在他的广告文案中，"你不配"的逻辑反而激发了人们的叛逆心理，通过挑战话术彰显皇家芝华士的高贵，塑造一种"你不行""你高攀不起"的感觉，强化品牌定位，激发消费者的叛逆心理，促使其产生更多消费行为。

运用"你不行"的逻辑可以迅速提高品牌质感，以挑战话术博得人们的眼球。这种创作方式适用于高端品牌或服务，以此筛选自己的目标客户，如以下两个文案。

文案一：
这则广告并不针对你，
假如你年薪不到 100 万元。
文案二：
彪悍的人生，
不需要解释。

4.3.7 戏剧冲突引热议

李奥·贝纳的广告强调"与生俱来的戏剧性",在他创作的广告之中,除了万宝路,绿巨人也格外出众。

这则广告以极具夸张性的绿色巨人形象,呈现具有戏剧张力的画面感,抓住了人们的眼球,这种夸张的形象让人们看到了品牌 IP 的效能。夸张感的戏剧冲突,其核心目的就是李奥·贝纳所说的"找出商品能够使人们产生兴趣的魔力"。

广告只有让人产生兴趣,才有可能产生之后的行为转化。叶茂中的"冲突"理论同样强调"没有冲突就没有营销""没有冲突就没有需求""没有冲突就没有戏剧",与李奥·贝纳所言异曲同工。

在最早的罐装豌豆广告之中,李奥·贝纳打造了一个绿色巨人的形象,在夜深人静的时刻,他似乎要将月亮偷走一样,其整个形象被刻画为了一个时刻都在进行光合作用的"豌豆人",以极强的视觉冲击力给人留下了深刻的印象。《月光下的收成》是李奥·贝纳为这则广告取的名字,搭配的文案是"无论是日间或是夜晚,绿巨人豌豆都在转瞬间选妥,风味绝佳——从产地到装罐不超过三个小时。"

在很多大师的作品之中,我们都可以看到类似的"夸张感"画面表达。例如,伯恩巴克的 DDB 公司为奥尔巴克百货公司出品的一则广告"慷慨的以旧换新":一个男人的胳膊里夹着一个女人,走向奥尔巴克百货公司,文案是"带来你的太太,只要几元钱,我们将给你一位新的女人。"通过幽默的表达,让人明白百货公司可以带来新的体验。我当时看这幅作品,总觉得有一种戏剧夸张感,一个女人像模型一样被夹在胳膊里,有点搞笑,但是给人的印象极其深刻。

创意大师乔治·路易斯可谓将这种"语不惊人死不休"的感觉发挥到了极致:他一会儿让安迪·沃霍尔掉进番茄酱里,一会儿让伏特加像个"色鬼"一样"调戏"番茄。在他的作品之中,你可以看到很多极富戏剧感的创意内容。

总之,戏剧冲突的营造需要遵从一个原则、三个基本点。

一个原则:

消费者看了会尖叫。

三个基本点:

一、你的作品与其他作品不一样;

二、画面一定要刺激;

三、消费者能看见卖点。

当你发现产品与生俱来的戏剧感时,将它放大,或许就可以写出令人眼前一亮的创意作品。

4.3.8 "非正常"场景切入

芝华士父亲节的文案以很多个"因为"为开头,塑造了不同的场景。这一文案的作者大卫·阿伯特经常能找到一些独特的切入点，给人以震撼的效果。

他曾经介绍过自己的创作理论，我从中摘抄了以下句子，与大家共勉。

① 把自己放在作品里。用你的生活去活化你的文案。如果有什么感动了你，有很大机会，也会感动别人。

② 用视觉的想象思考。要某人描述一座螺旋梯，他多半会手口并用。有时最好的文案就是没有文案。

③ 如果你相信事实胜于雄辩，那么你最好学会写明细，叫它读起来不像明细。

④ 坦白对灵魂有益，对文案亦然。

⑤ 别让人烦。

仔细阅读大卫·阿伯特的文案，你会发现他能找到一些独特的切入点，通常在文案中让你体会到某种画面感。

例如，他为《经济学人》杂志写的文案"我从来不看《经济学人》杂志——42岁的管培生。"通过一个特别极端的例子，以一个42岁还未升职的职场人的视角，从反面描述看《经济学人》杂志的益处。其他人对这一命题的处理方式可能是正面表达，找一群成功人士做背书，让商业"大咖"说"我经常看《经济学人》杂志"，从而达到传播效果。但是大卫·阿伯特偏不这么做，他找了一个不成功的职场人来代言，分析他不成功的原因，竟然是从未读过《经济学人》杂志，一下子说中了很多普通职场人不成功的深层原因，促使更多人对这本杂志产生兴趣。

你还可以参考他为沃尔沃汽车做的一则广告：一个孩子像奶糖一样被裹起来，文案是"或者买辆沃尔沃"，言下之意是如果不买沃尔沃汽车就不够安全，父母只能把自己的孩子像糖果一样包起来。

一点幽默感可以让创意更直观、更有趣，还可以强化卖点。当你再看芝华士父亲节的文案时，你就能明白它为何经典了。大卫·阿伯特全篇描述自己与父亲之间的情感场景，引发人们的共鸣，最后巧妙地带入了一点点有关产品的内容，不但不让人感到厌烦，而且流传至今，成为经典。

从这些案例之中，我们可以学习大卫·阿伯特"非正常"场景的独特切入点，寻找一些幽默或感人的场景，将它们呈现出来，让文案四两拨千斤，达到最佳效果。

4.3.9 总结："他门"也是"我门"

以上七种不同的文案创作切入视角，看似是其他广告大师的原创，其实它们也可以作为你的切入视角。一个人写作一类作品，时间久了很容易陷入思维定式之中，不妨向不同的大师学习他们的创作思维，将"他门"转化为"我门"，也许推开之后，你可以发现柳暗花明的新世界。

总之还是那句话：一切都能为我所用。

4.4 文案要设计趣味点

我们在生活之中常常会遇见很多有趣的事。某一天，我在朋友圈中看见了一张搞笑的图片：一辆车的后窗玻璃只擦洗干净了一半，另一半被人用手指在灰尘中写下六个大字"洗一半没钱了"。朋友将这张图片分享到朋友圈中，还附上文案调侃自己的近况，称这就叫作"没钱的尴尬"。我看到那条朋友圈后哈哈大笑，因为它是一个很有趣的创意文案，寥寥数语就勾起了人们的同感，真的很不错。

由此，我联想到了一个话题——文案的趣味性。

一个巧妙的趣味性设计可以激起人们的好奇心、分享欲、购买欲，让原本普通的文案更容易流传开来。

4.4.1 有趣的文案容易流传

在日常社交中，有趣的人比外貌突出的人可能更受欢迎。长得漂亮或帅气的人可能被同性嫉妒，但是有趣的人可以让大家都喜欢。

文案也一样，有趣是传播的基础。人们乐于将有趣的东西分享给自己的朋友，从而彰显自己幽默的内涵。有趣，是文案得以传播的基础。

广泛流传在网络平台中的一些文案几乎都是有趣的，甚至有时候还很"扎心"。我曾经看到某家饭店的大厅里挂了一条横幅，上面写着"我们的空调和你前任的心一样冷",在吃饭的时候,我随手拍了张照片分享到朋友圈中。回想起来,那无疑是中了趣味文案的"毒"。结合自身经历,我深知如果文案设计好一个趣味点,那么足以引发强烈的自传播效应。

当猪肉价格上涨的时候,某品牌推出了一套菜市场文案,其中有一句是"Hey 猪,don't be afraid.",结合新闻事件和披头士乐队歌曲 *Hey Jude* 的歌词,形成了强烈的反差,让网友们自觉地转发与分享,从而达到了传播效果。

这就是有趣的魅力。有趣的内容,不仅从不招人讨厌,还能引起话题发酵,最终促进信息的传播。

4.4.2 打造文案趣味点的五个公式

如何设计趣味点让文案流传开来呢?文案的有趣,有的来自形式感,有的因为社交化,有的出于好奇心,有的充满参与感,有的源于极端场景的设计。通过对趣味文案的研究,我发现了以下五个速成公式,教你快速打造文案趣味点。

1. 形式感 = 场景调性 - 内容调性

有趣的文案通常具有十分独特的形式感,这种形式感是"非正常"的状态,是区别于日常生活场景的反差与巨变。文案的形式感越强,反差就越明显,带来的创意空间感就越大,给人的印象也就越深刻。

形式感 = 场景调性 - 内容调性,即场景调性与内容调性产生的强烈反差就是形式感。例如,在一个惜字如金的地铁广告中,某品牌却投放了一系列反差极大的"压键盘式"文案,将文案拉长为"租房付付付付付付付付付付什么押金!"在第一次看到这个文案时我很惊奇,它用文字模拟了一个结巴的口吻,突出了品牌本身的信息点,既明确又有创意,自然能提升分享度。当时很多微信公众号也用这样的方式写标题,提升文章的趣味性。

将一个领域的场景与其他领域的内容相互融合,往往可以打造出具有形式感的创意文案。例如,将视力表与竞选宣言相结合,将寻人启事与产品广告相结合,会产生更有趣的形式感,从而诞生创意文案。

2. 社交化 = 刻板事物 + 人物情绪

社交化的本质在于人与人之间的互动,通过建构互联网平台,模拟人们在社会交往中产生的话术、手段、情感,赋予冰冷的数字化网络以人格特色,进而成为一种营销模式。

对于创意而言,将刻板事物搭载一些人物情绪可以形成"新物种"。江小白早期的产品创意将酒瓶与文案相结合,创造了一系列火遍全网的"表达瓶"。为刻板的产品赋予人格化的情绪,就是社交化的核心。

国外家居用品品牌 Hefty 设计过一系列产品包装的文案,有别于江小白的情怀文案,它采用的是直击人心的文案"不要建议,只要钱",是不是很像之前在国内网站中流传的那句"我们不谈理想,知道你的理想是不上班"?

褚橙推出的包装也是让产品"励志橙"代言,像一个人一样"说话",帮助品牌销售产品。

这些"产品+文案"的形式,本质上就是将刻板事物与人物情绪结合起来，让产品人格化。

在广告媒介发布费用越来越贵的情况下，包装无疑是相对便宜且便于互动的一种形式，通过印刷一些文案或其他有趣的内容，可以让消费者对产品产生好感，从而产生消费行为。

即使你还处于一个比较传统的企业中，也可以试试让自己的产品或业务"说话"，可能会产生非同一般的化学反应。

3. 好奇心 = 阅读性 × 冷知识

附着冷知识，可以让广告的阅读量翻倍。很多情况下，如果我们直接说出产品卖点，广告就会变得特别乏味，也不会有人观看和分享。但是，如果你为广告增添一个冷知识，那么人们或许会因为这个冷知识注意到你要传递的商业信息。

好奇心的产生，来自人类对于某些事情的未知。而冷知识的趣味性，无疑是满足好奇心的有效手段。具有阅读性的冷知识搭载一条广告信息，可以让文案产生意想不到的创意效果。

例如，你知道玛丽莲·梦露原先有 11 个脚指头吗？我是在看到一条房产广告的时候才知道的。这则广告的画面是梦露捂住裙子的经典场景，上面写着"玛丽莲·梦露原先有 11 个脚指头，北京市区有一片森林比 19 个天安门广场还大"，然后引出广告的关键信息：难以置信，却是真的。附着冷知识的广告，带有一种引人好奇的心理驱动，也为广告本身增添了很多趣味性。

人群中从来不缺少看客，好奇心就是吸引看客驻足的"引线"。好奇心 = 阅读性 × 冷知识，放大好奇心，也许我们就能形成文案的趣味点。

4. 参与感 =UGC[3]

营造参与感的核心要素是让消费者发言。参与感来自消费者，是消费者主动给予的内容反馈。将 UGC（用户生产内容）无限放大，可以再次提升消费者的参与感，形成文案的趣味点。

消费者是多面而丰富的，具有无穷的智慧。无论是与消费者聊天，还是挑选消费者的反馈评论，我们往往能找到具有趣味性的观点。让这些观点产生更大的曝光是所有文案创作者的使命，因为这些观点具有更加真实且有效的自传播效应。

香氛品牌 LE LABO 通过采集消费者的聊天内容，将其中有意思的片段用老式打字机打出来，并上传至 Instagram 进行传播。

> 我喷了 Patchouli 去参加比稿，这比我做的任何 PPT 都管用。
> ——知道这闻起来像什么吗？——什么？——艺术气息。

这些观点是消费者最真实、最内在的体验和感受，借助品牌之口进行传播，趣味性和共情力兼备，很容易形成自传播。

例如，网易云音乐之前在地铁上投放了大量用户评论的文案，句句"扎心"，句句来自民间智慧，一下子便刷爆全网。每隔一段时间我就会想起该案例，这就是好创意的魅力，也是趣味文案的魅力。

5. 极端场景 ∞ = 趣味创意

我们一定要设计文案出现的环境。文案出现在哪里很重要，出现在厕所中的文案与出现在餐桌上的文案，各自的调性肯定不一样。巧妙地利用文案出现的环境设计极端场景，可能会让我们的文案产生意想不到的效果。

当一辆车路过街道时，楼上的人看到的是什么？

某一家杂志社承包了一辆公交车，车身是其红色的品牌色。在公交车顶端有这样一句文案"Hello to all our readers in high office."意思是"向站在高处的读者问好。"不过，"high office"是双关语，既指"高处"，又指"担任要职或身居高位"，而这句文案只有楼上的人才可以看到。"公交车车顶"这一极端场景为广告文案找到了一个天然的特殊角度，利用独一性彰显了广告的趣味感。

还有很多文案的场景创意，为原本平平无奇的内容增添了丰富的想象空间。例如，一个手提袋最大的功能是装东西，所以"装"是产品信息点。如何通过文案达成情感共鸣呢？具体方法是将"装"与一些形容词结合在一起，打造一系列有趣的包装文案，将"你就装吧""装可爱""装穷"等文案附着在包装上，让产品信息点情感化，带来令人心动的体验。

总之，强化任一维度的属性都可能让文案变得有趣，如内容、材质、空间、形象、长短等。形式感的增强，就是通过这些属性的变形与强化达到的。

还有一种创意的理念是：拉长时间，让文案变得有趣。一块广告牌上写着"This is the world's most boring billboard. We're going to leave it here for 12 years, just to show how long our products last."自称为"世界上最无聊的广告牌"，因为它要被放置于此12年之久，以此证明其产品的耐久与品牌的经典。文案本身很朴实，却是一个好创意，这种场景设计也很有趣。

4.4.3 打破常规新创作

趣味的主要手段是打破常规脚本，趣味的核心价值是新鲜感。如果一件事情按照本来的方式进行，那就是常规脚本，不足为奇，也没有趣味性。但是，如果某一天它打破了常规，就能给人新的惊喜。一个内向乖巧的小女孩，某一天突然染了红头发，两臂满是文身，完全换了一种风格，你一定会说一句"哇！"因为她打破了常规脚本，给你带来了惊喜。

文案要设计趣味点，塑造别开生面的体验，这样才可以打动人心。

4.5 好文案，以"质"取胜

整个世界都处于喧嚣之中，广告世界也不例外。移动互联网时代，我们渐渐习惯于低头看手机，抬头看月亮的次数却越来越少。

"短、平、快"是这个时代的节奏。效率比感受更加重要，速度比舒适更加可靠，信息一闪而过，灵魂怅然若失。好文案在信息的瀚海之中微不足道，如同一滴被蒸发的眼泪。

从某种层面上来讲，我们每一天都在"生产垃圾"，也在"咀嚼垃圾"。涌现在我们眼前的许多文案，沾染了互联网简单粗暴和"数据至上"的习气，变得令人无感甚至沮丧。所谓"痛点文案、痒点文案、卖点文案"，走入人心的少之又少。一方面，我们越来越不敏感；另一方面，生活中确实缺乏好文案——那些拥有丰富质感与纹理的文案。

4.5.1 你的文案缺乏一点质感

这是一个缺乏质感的时代，文案也是如此。

对于一件事物，我们多用互联网化的口语来形容。例如，形容口红，我们会写"吃土色""斩男色"，而不是"少女脸上高涨的潮红，与初恋那件小事揉成一团"。后者确实占用更多版面，但似乎更能调动我们内心的遐想与向往。

我们不断强调快感、突出快感，宣扬更快捷的成功之道，所以渐渐地疏离质感。质感与好文案相悖吗？并不相悖。那些动人的句子留驻于人心的时间，比某些金碧辉煌的建筑还要长久。

如果文案的字里行间缺乏一种质感的流动，那么一个文案创作者眼前的路必然崎岖。

什么才是有质感的文案？它需要具备三个要素：一是层次感，二是细节感，三是想象空间。

1. 层次感

一句有质感的文案拥有丰富的纹理，可以勾起不同的情绪和感触，引发多个层次的联想。文学中有一个词叫作"弦外之音"，指的就是话语间接透露而没有明说的意思。

例如，"我不在家，就在咖啡馆，不在咖啡馆，就在去咖啡馆的路上"这句耳熟能详的文案，表面上是说"我"在家与咖啡馆之间"两点一线"，但是当你读到这句文案的时候，肯定不会这样简单地理解，你还会想象它所描述的惬意生活："不在家，就在咖啡馆"，不是在温馨的家里，就是在文艺的咖啡馆里；同时，"不在咖啡馆，就在去咖啡馆的路上"，不仅是一种状态的表述，还是一种对惬意生活的追求。

一句好文案有多个层次，包括表象的、情绪的、理想状态的层次，这就是层次感。

2. 细节感

只有细节感，最能动人心。在文案机理之中，每一个细节的调动都可以触发观者的同感，如："一想到离家，小镇的车子也慢了下来"。这句文案表达人在离家时的恋恋不舍，因为恋恋不舍显得"车子也慢了下来"，切中"离家"的场景，选用一个人格化的物"车子"来表达人的情感——不舍。"小镇的车子"就是一个特别的细节，说物也是说人。

有质感的文案往往能描绘一幅具有细节感的画面，呈现令人心动的感觉，细致入微而又丝丝入扣。

3. 想象空间

一句文案，只有能唤醒你的想象力，让你忍不住"咂摸"，才是有质感的文案。一句平凡的文案，看完了就结束了，你不会记住它；但是一句了不起的文案，会让你在看完之后被狠狠击中并牢牢记住，想象那句文案勾勒的世界，心驰神往。

"'愤青'不老，他们只是伪装成了爸爸"，这句文案让人忍不住一读再读。在这句情感浓烈的文案中，你看到了一个具有理想主义情怀的中年男人仍然保持着青春，他的心里还有激情，即使他已经成为一个爸爸。这句文案最妙的是"伪装"，通过这个词，你能想象出一个骄傲青年变为秃头爸爸的过程,也能想象出他在年轻时的壮心不已。

好文案能唤醒更大的想象空间,这也是质感的重要表现。

4.5.2 质感文案写作七要素

质感文案的形成,需要我们在细微处多多琢磨,让文案勾起人们的美好联想,从而走入人心。

我们可以在很多经典广告之中找到充满质感的文案,它们值得我们一读再读。通过探索这些文案内部的机理构成,我发现了质感文案写作的七个要素。

1. 陈述为主

不仅是质感文案,一般的优秀文案也多以没有累赘的陈述句为主。"名词+动词"的组合效果大于一堆形容词的浮夸堆砌,这是好文案的"基本款"。

以陈述语气为基调的文案,给人一种笃定、沉稳的直观感受,利用一些微妙的词语,还可以营造出更大的想象空间。

很多质感文案都是用陈述句表述的,不是一惊一乍,而是娓娓道来,如同一位优雅绅士的谈吐,充满平静、沉稳、令人神往的气质。文字的质感,似乎通过这种方式的表达,更显优雅与平和。

不过,仔细比较:"先生请留意",五个字,在表达"朝我看"的意思的同时,还带有一种文雅的气质;普通文案可能会直接写上三个字"看这里"。两句文案貌似出发点一致,后者却美感尽失。

可见，陈述只是基础，并不是最终目的。

例如，有一句文案是"开放，给了我舞台"，同样是一句陈述句，却有很大的遐想空间，让人在读过之后联想到很多场景，值得品味。又如，"大海从不招人讨厌"，看似一句平实的口语，实则借用了否定之否定的方式，读来比一般文案更有味道，再配以"海风海风，海洋文明治下的城市特区"，如一首现代短诗一样，简单又灵巧。

运用陈述句的文案就像熟人偶遇，在平淡无奇的生活之中，突然碰到一份惊喜，让人心里生出一份小小的雀跃，值得我们记忆与回味。

2. 附着情感

写情感的文案很多，能把情感写得活灵活现又不让人讨厌却非易事。质感文案的另一大特点是附着情感，有些文案的情感细节描写如同醇厚的美酒，越品越浓，越品越有滋味。

"看着她。错过她。怀念她。"三字一组，共九个字，挑起观者对于往事的怀恋，营造怅然若失的错愕与惊觉：我是在什么时候失去她的？由此开始，继续品读，我们才知道这其实是一则地产开盘信息。但是，文字制造的情感却怎么也驱赶不走，它会令你驻足，怀恋往事，这就是我们对于情感与生俱来的感知天分。

像这样的文案还有很多，这些附着情感的文案，天生带有令人念念不忘的气质，使人一读再读，十分怀念。生活离不开情感，我们每时每刻都要处理情感问题，情感是人类永恒的话题。善于表达情感的文案，质感会更加丰富。

3. 加点文化

文化是质感的风骨，加点文化，文案的质感会立刻显现。经典故事、历史文化、哲学思考等,这些文化元素的加入,会大大提升文案的调性,让其更显深刻。

地产界有一则知名的广告"先生的玫瑰园",其中有这样一句文案,"翻开二十四史,通篇写满的只有一词:土地。"借用"二十四史"这一文化 IP,这则文案的气质便得到了升华。联想历史,不断更替的朝代兴衰、政权变迁,本质上不都是对土地的争夺吗?古往今来,大抵如此。

但是这则广告幽默的地方,是英文反白字(Who is God? Your wife. You know, sir. Sent her a rose every day. Then... something changed! Perfect!)与两人之间的"握手言和",以历史矛盾隐喻夫妻之间的争执。那么用什么可以缓解这一切的矛盾呢?该文案说"每天送妻子玫瑰,有些事情将会改变",而这里的"玫瑰"不单单指玫瑰花,还指"玫瑰园"。

以历史文化为基础的文案自带故事性和话题性,给人更多的想象空间。"蒋先生送蒋夫人的玫瑰园,就在阳明山下。"以民国故事为文化元素,不仅使文案看起来很有质感,购房体验也提升至豪华级别,无愧于"先生"的头衔。

上述文案只是用典,还有另一种特别有文化的文案,即以古诗词意象为文化元素,呈现出一种古典的精致美,如岸芷汀兰的"红树畔,人心入湾,湾流处,岸芷汀兰",加入中式古典的文化审美,仔细品读,格调非常高雅。

文化不只是经典、历史、诗词,还可以是意识形态、哲学思辨主题等。有一则文案是"意识决定形态",不仅文字内涵高深,画面也充满了哲学思想的氛围。又如,"名利场,风月场,角斗场。"

浓郁的哲学氛围，浓郁的文化质感。

用文化充当"调味品"的文案自然更加耐读，值得反复琢磨。

4. 语言精简

语言精简，不啰唆、不拖泥带水，是质感文案的基础。精简不一定是字少，而是在一句话中多一个字、少一个字都不行，是增之一分太多、减之一分太少的"刚刚好"。

无论是"摔杯为号""来，动筷子"，还是"换个地方思考""做个好梦吧"，或者"土地赠我安全感"，无一不是精简凝练的代表。

如果我们的文案不够有力，读起来也不顺畅，那么首先要做的事情就是精简，将其减缩至一个点、一句话，甚至半句话、一个词，或许可以豁然开朗，柳暗花明。

5. 偶尔对冲

文案创作者偶尔会用一种冲突/对冲的方式写文案，将一正一反的两个词语放在一句话之中，给人品读玩味的空间。

例如，万科出品的"物质之后非物质"，就是用词语的对冲表现人们在购房之后生活品质的提升，先物质后精神。该文案将对冲效果发挥到了极致，形成了很深刻的记忆点。

"生命，可以浪费在美好的事物上"这句流传了很久的文案，将"浪费"与"美好"形成对冲，反而突显了对美好事物的多花心思、不计成本，更加深入人心。

形成对冲的也可以是两种不同性格的人，如将"动心的人"与"动手的人"形成对冲，通过对冲产生心理罅隙，通过罅隙承载品读空间："这个世界永远是动心的人多，动手的人少。"这样，文案便突显了远见者、实践派的弥足珍贵。

冲突／对冲的方式可以加大文字之间的撕裂感，放大情绪空间的张力。有时候，文案的质感与书画的韵味一样抽象，只可意会，不可言传。

6. 运用意象

意象是一个文学名词，指寓"意"之"象"，是采取主观视角的人在表达情思时选用的客观事物。例如，边塞诗人常用"大漠""孤烟"等意象，田园诗人多用"飞鸟""孤云""桑麻""菊花"等意象。有质感的文案，通常也会通过意象借物言情。

"踩惯了红地毯，会梦见石板路"，两个意象，前者是商务会议的标志，后者是自家庭院的象征，刻画了一幅事业与家庭之间的情感徘徊图，将地产"自然、品质"的特性用诗意的方式表现出来，营造了令人向往的氛围。

意象的使用可以打通感官体验，调动想象力产生画面感，赋予观者在脑海中描绘情景的空间，如以下文案。

一下雪，院子就更好看了！

下了雪，院子更好看了！

下过雪，院子的确更好看了！

该文案以"雪"为意象，雪前渴望雪、雪中感叹雪、雪后赞美雪，让"雪"成为美的具体象征。这份美被保存在别墅的院子里，勾勒出一种与美好共生的居住方式，让别墅更有情调，也为品牌增添了一份诗意。

熟练地运用意象元素，文案的质感会快速提升。因为意象本来就是凝缩的事物，其内在饱含思考性与畅想性的能量，只需轻触便能绽放更耀眼的光芒。

7. 句式翻新

文案创作者很爱玩"文字游戏"，句式翻新也不失为一种提升文案质感的方式。反问、反复、顶真、仿词、回环等修辞手法都能运用在文案之中，不过质感文案对于这种方式的运用更加巧妙和自然。我在写文案时，对这种方式的运用就略显粗暴，写不出那种优美的感觉，好在我从一些地产文案中找到了范例。

"不喜欢大连了，"上半句以否定句开头，将疑惑带给观者，吸引更多注意；下半句却是"假如大连没有海"，强调了"海"对于大连的重要性。这个语句的逻辑本来应该是"假如大连没有海，就不喜欢大连了"，但是这则文案巧妙地将结果前置，先给出一个反预期的描述，促使人们阅读下去。而且，这则文案本身语句简单，读起来很清新，有一种自然的美。

"最害怕的事，就是无所事事"，上下两句文案尾字相同，朗朗上口，扩展了这句文案的空间感，给人流畅的阅读体验。"月光如此美好，叫我如何是好"这句文案也是如此，尾字相同，塑造了美妙的审美意蕴。

又如，"富不还乡，等于锦衣夜行"，通过典故提升文案的质感，借用画面和历史故事，与受众沟通"衣锦还乡"背后渴望"富裕"的共同心愿。

句式翻新是借助修辞的方式改变平常的文案逻辑，塑造更新鲜的观感体验，以达到令人印象深刻的效果。在文案的质感之中，有一部分来源于新鲜感。句式翻新就是将平常语气的句子重新组合,焕发新的生命力,从而达到令人不断玩味、品读的效果。

无论是质感还是美感,都建立在语言的基础之上,通过对文案意蕴的营造,产生一些奇思妙想。文案的质感是什么?它是读起来自然清绮、遐想万千的氛围,它包含一些基础的元素,但又不拘泥于此。

总而言之,文案的质感是在文字之外、以受众感觉为评判标准的审美认知,它有些抽象,而且根据每个人的感受层次不同有不同的评判标准。但是,与粗陋、浮躁的文案相比,质感文案通常拥有一个共同点——耐读且值得"咂摸"。在今天的互联网环境下,这种文案像濒危动物一样越来越少,越来越需要我们的珍惜和保护。

4.5.3 一层一层剖析质感文案的写作逻辑

如何写出有质感的文案?

这个命题,所有文案创作者都需要思考。其实在读与写之间,还存在着巨大的差距。会听戏的人,不一定会唱戏;会评论电影的人,也不一定会拍电影。对于文案创作者来讲,需要大量的刻意练习,按照质感文案的逻辑和特性,完成自己的写作。

我们可以引入一个案例:一到夏天,烧烤就会"火"起来。假设我们要为一家烤肉店写一系列文案,还要有质感,应该如何来写?

这家烤肉店是一家 50 多平方米的小店，营业到晚上 12 点，菜品和一般餐馆差不多，啤酒也是普通啤酒。我们是否可以通过质感文案让这家烤肉店体现出差异化的个性呢？

其实，无论是质感文案还是基础文案，都应该沿着一套完整的逻辑进行思考。以下是我写作文案的基础逻辑，大家可以参考。

1. 明晰表达主题

这里所说的"主题"，其实就是文案洞察。文案选择什么样的切入点、洞察什么样的场景，就是其所要诠释的主题。

回到这个案例，一家普通的烤肉店，如何能让它拥有自己的个性？我们可以为其赋予一种情感。例如，喝酒烤肉不只是一种吃饭形式，还是一种社交形式或逃离喧嚣生活的放空形式。

所以，我们可将其定位为一家"自我放空"的烤肉店，来这里除了喝酒烤肉，还可以让自己真正放松下来，"吹"一些天南海北的"牛皮"，不怕表现出自己的窘迫。

基于以上结论，我们可以找到一个具有个性及辨识度的主题：此食自在。

某家烤肉店。
此食自在

在其他时间和其他空间里，你伪装成别人期许的样子，只有在这里喝酒烤肉、"吹牛皮"的时候，你才是最自在的自己。

2. 寻找视觉化场景

有了一个主题以后，我们需要寻找一些视觉化场景来表现主题。例如，在吃饭的哪一个时刻，你是最真实的自己？

以这个问题为思考原点，我们可以想到以下视觉化场景。

① 喝醉酒后吐真言。
② 用牙咬瓶盖咬不开的表情。
③ 吃着烤肉回忆学生时期吃烤肉的情景。
④ "吐槽"老板。
⑤ 和同性聊异性的时刻。
⑥ 嘴角粘上蜜汁还只顾吃的样子。
……

可能有许许多多的场景和瞬间会呈现在你的脑海中，文案的作用就是用寥寥数语抓住那些场景、刻画那种氛围，以唤醒人们品读的欲望。

3. 写出关键词/句

写出你关于某个场景所能想到的任何关键词/句，先全部写出来，无论其是否关乎"此食自在"的主题，只管写出来。

例如，关于"喝醉酒后吐真言"的场景，我们可以写出以下关键词/句。

喜欢，脸红，头晕，真实，真开心，感谢组局，下次再来，想起了她，不自量力，好久不喝酒，摇摇晃晃的样子，今天我更懂他了，一会儿送她回家，人们总是囿于情感，原来这才是真心话……

每一个关键词/句都可以延伸出一个场景，作为文案描述的目标。

4．连成一句陈述句

我们可以将关键词/句联系起来，连成一句陈述句。例如，我们选择"喜欢"这个关键词，表现"此食自在"的主题，可以写成以下文案。

我喜欢你吃肉的样子，
更喜欢你喜欢我的样子。
#此食自在#

或者，我们选择"开心"这一关键词，表现今天和心爱的人吃烤肉的开心状态，可以写成以下文案。

开心就是放开了心，
也放开了吃。
#此食自在#

首先，我们通过一个关键词描画一个场景，让其具有固定的"所指"，然后在这一基础上进行反复加工，令其拥有上文所说的"质感"。

5．反反复复修改

"修改"这一道工序需要结合上文所说的质感文案写作的七个要素，令我们的文案具备质感文案应该拥有的层次感、细节感和想象空间。

以"我喜欢你吃肉的样子，更喜欢你喜欢我的样子"为例，如何让它更加富有质感呢？

（1）陈述

这句话虽然是一个陈述句，但还不够凝练，细节感不足，无法勾起更具象的想象空间。

我们可以先从句式上进行修改，"我喜欢你吃肉的样子，更喜欢你喜欢我的样子"这句话太过啰唆，我们可以删掉"吃肉"的场景，改成这句文案："喜欢请你，请你喜欢"。

这句文案以"喜欢"这个词作为媒介，上半句和下半句转换谓语，可以给人一些遐想的空间。

（2）情感

一开始的陈述句被改成"喜欢请你，请你喜欢"以后，好像有了一些遐想的空间。但是，怎么感觉它成了表白文案，缺少了推广这家烤肉店的功能呢？

因此，我们需要为文案赋予一些烤肉店场景中的情感价值。例如，让食物与人情味混合在一起，改成这句文案："从骨肉相连开始，'烤验'爱情"。

（3）文化

如果客户或老板觉得上述文案太日常，没有文化气息，想让我们在其中加点文化元素，那么可以考虑采用一些有关美食或美酒的诗词或典故，赋予这则文案更多的文化气息。

例如，"莼羹鲈脍"这一成语，历代众多诗词家曾引用其背后的典故写过大量诗词，我们可以化用这些诗词，赋予这则文案一些文化内涵。

莼羹鲈脍美，此食更自在。

从国企隐退的张处长，约老友至路边烤肉店小聚。凉风袭来，张处长掀开背心，露出"宰相肚"，拿手一拍，大叫道："自在，自在！"看来身居高位多年，张处长受了不少委屈。退下来，路边店，更自在。

（4）精简

我们已经知道了质感文案的核心之一是精简。文案在写出来后可以继续精简，如将上文的"从骨肉相连开始，'烤验'爱情"这句话，精简为这句文案："爱情需要'烤验'"。

修改后的文案留下了更多的想象空间。总之，精简后的文案，必须与广告画面的内容相呼应，能够互相佐证和说明，共同营造和谐的画面感。

（5）对冲

继续修改，换一种对冲的方式，我们可以写出什么样的文案呢？对冲的方式就是寻找一正一反的两个画面、两个场景或两个词语，然后将其组织为一句话，呈现对冲的状态。

在上班的时候，我们需要遵守很多条条框框，不能自由自在；而下班和朋友去烤肉店，我们终于可以不必顾虑那么多，放开自己舒适地吃喝，做个幸福的"吃货"。所以，我们可以让"上班"与"下班"的矛盾形成对冲，写出以下这句文案。

上班是吃苦，
下班是"吃货"。
#此食自在#

(6) 意象

如果老板说，上文的文案都不行，没有意象、意象、意象！那么我们在接到这个新命题以后，应该首先思考吃饭喝酒会有哪些意象，然后将这些意象嵌入，就可以形成具有丰富感官体验的文案了。

例如，将"月亮"这一千古流传的意象与"美食"相联系，我们可以写出这句文案："月色下酒，酒肉'月'香"。

(7) 句式

最后，我们还可以再加修改，因为一个句子可以有很多种逻辑关系和组成方式，如判断句、被动句、倒装句、省略句等。为一个句子换一种句式，它可能会更具新鲜感，成为令人印象深刻的文案。

例如，在上文的"月色下酒，酒肉'月'香"这句文案中，"酒"作为上半句和下半句的中介，上半句是视觉描述，下半句是味觉提升，相互交融，给人带来更多的感官惊喜。

这句文案也可以借助拟人的修辞手法，将月色人格化，写成这句文案："月色才是我们的酒肉好友"。

它也可以改成"把"字句："把月色当好友，把酒肉当知己"。

我们还可以把它改成尾字相同的句子："月光伴酒肉，越吃越有肉"。

或者我们可以把它改成否定前置句，先说"不"，再说原因："再也不喝酒了，如果毛豆和牛肉缺席"。

总之，通过不同方法，我们可以将陈述句的文案改到自己满意为止。质感文案需要我们精心打磨、仔细修改，才能更加耐读。

4.5.4 熟练是所有技巧的基础

在缺乏质感的时代,写作质感文案看似是一个费劲的工作,但是质感文案本身的美感又是文案创作者不断追求的目标。

质感文案需要具备三个要素,层次感、细节感、想象空间,那些可以让你停驻、遐想、玩味的文案,都可以称作质感文案。熟练是所有技巧的基础,质感文案的写作离不开大量练习,一个文案创作者的基本素养是为自己的审美负责,不断打磨与修改,直到写出真正满意的作品。

最后,我要分享出自欧阳修的哲理寓言故事《卖油翁》的一句话:"我亦无他,惟手熟尔。"

4.6 形成你的文案风格

我们在做传播的时候,经常讲差异化。"差异化"到底是什么?你的文案能不能为品牌的差异化做出贡献?

当提起"将所有一言难尽一饮而尽"的时候,你能想到这是红星二锅头的铁汉文案;当谈论"你写PPT时,阿拉斯加的鳕鱼正跃出水面"的时候,你能认出这是步履不停的文案;当读到"假如你还需要知道它的价格,翻过这一页吧,年轻人"的时候,你能发现这是出自尼尔·法兰奇之手的文案。

无论是文章还是文案,只要你读得足够多,几乎就能辨认出它是哪种风格或是谁的杰作。

如果你的文案能让别人在阅读的同时感叹"这一定是××的文案",就证明你已经成功了,而且已经拥有了鲜明的个人特色及标签印记。这就是差异化的结果。

差异化是即使把你的作品放在一堆作品里也能让人辨认出来的风格,它是你树立个人形象的方式,因为价值独特,所以更受欢迎。

独特的文案风格还可以塑造独特的品牌形象,形成品牌感知的差异化、传播方式的差异化,让产品及品牌拥有个性,让消费者产生信赖感。

那么,如何形成自己的文案风格,并以此帮助品牌塑造独特形象,从而创造品牌价值呢?

4.6.1 风格即差异化

我们先不谈文案。在我心目中,写散文很厉害的作家是汪曾祺。他的散文,像水一样清淡、像水一样自在、像水一样澄澈。读汪曾祺的散文,你能感受到那种淡而又淡的味道,这就是他的风格。

他在《人间草木》中写过以下句子。

如果你来访我,我不在,请和我门外的花坐一会儿,它们很温暖,我注视它们很多很多日子了。

人生如梦,我投入的却是真情。世界先爱了我,我不能不爱它。

他在《人间滋味》中写吃的,也写得有趣又有味。

联大的女同学吃胡萝卜成风。这是因为女同学也穷,而且馋。昆明的胡萝卜也很好吃。昆明的胡萝卜是浅黄色的,长至一尺以上,脆嫩多汁而有甜味,胡萝卜味儿也不是很重。胡萝卜有胡萝卜素,含维生素C,对身体有益,这是大家都知道的。不知道是谁提出,胡萝卜还含有微量的砒,吃了可以驻颜。这一来,女同学吃胡萝卜的就更多了。她们常常一把一把地买来吃。一把有十多根。她们一边谈着克列斯丁娜·罗赛蒂的诗、布朗底的小说,一边咯吱咯吱地咬胡萝卜。

看来,女孩子爱美由来已久,但是西南联大女同学的爱美好像更有趣。

在读这些文字时,你完全可以感受到作者那份天然的温存。看似文笔清淡,却时刻流露出一种对万事万物的由衷喜爱。这就是汪曾祺独有的味道!

如果你听过李宗盛的歌,那么大概也能认出那种老男人情歌的风格。

旧爱的誓言像极了一个巴掌/每当你记起一句/就挨一个耳光。

有人问我你究竟是哪里好/这么多年我还忘不了。
春风再美也比不上你的笑/没见过你的人不会明了。

如果现在有人这样写文案，可能试用期都过不了。但是，这是华语流行乐坛情歌"教父"李宗盛啊！鲜明的风格、极具辨识度的嗓音和歌词，共同塑造了"李宗盛"这三个字所代表的意义。

我再列举几个人，可能会让你更加理解"风格"的意义：李白与王维，周杰伦与费玉清，王羲之与颜真卿。这些人放在一起，你很容易就能判断出谁是谁。当然，他们没有好坏、高下之分，但是你能描述出他们之间的差异。

这种可以被人们感知的差异，就是风格的意义。文字风格反映的是品牌调性，也是塑造品牌的过程。

例如，江小白的文案经常表现青春惆怅，耐克的文案经常表现"较量感"，两者一对比，风格完全不一样。但是，它们都为品牌诠释了各自的内涵及精神，并且不断强化品牌调性，形成了鲜明的个性。

风格是具有代表性的独特面貌，文案风格是呈现作者独特性的感知属性。我们创作的文案，要与品牌价值相关联，不断彰显品牌的独特性。

4.6.2 构成文案风格的三大要素

几乎所有事物都是由单个元件构成的，文案风格也基本上由用词、句式、情绪三者构成。也就是说，构成文案风格的三大要素是用词、句式、情绪。

提起谁的文案风格，我们认为最有辨识度呢？你可能会想到李欣频。她为诚品书店写过很多组文案，形成了喜欢排比、引用经典、形式感强烈的风格。

我们先看以下几个例子。她写打折促销文案，用了很多个排比句和意象，并代入产品核心信息点。

> 诚品敦南店，不过期的求知欲。
> 过期 ^{a1} 的凤梨罐头 ^{z1}，不过期 ^{b1} 的食欲 ^{z2}，
> 过期 ^{a2} 的底片 ^{z3}，不过期 ^{b2} 的创作欲 ^{z4}，
> 过期 ^{a3} 的 PLAYBOY^{z5}，不过期 ^{b3} 的性欲 ^{z6}，
> 过期 ^{a4} 的旧书 ^{z7}，不过期 ^{b4} 的求知欲 ^{z8}。
> 全面 5～7 折拍卖活动，货品多，价格少，供应快。
> 知识无保存期限，欢迎旧雨新知前来大量搜购旧书，一辈子受用无穷。^{α}

如果我在该打折促销文案中加入一些公式：a= 过期，b= 不过期，z= 代名词，α= 商业信息点。那么你会发现，这种对偶和排比，极像诗歌的行文方式。

她写搬家文案，也用了很多个人名，并附带产品信息点。

> 卡缪 ^{z1} 搬家了，马奎斯 ^{z2} 搬家了，卡尔维诺 ^{z3} 搬家了，莫内 ^{z4} 搬家了。
> 林布阑 ^{z5} 搬家了，毕加索 ^{z6} 搬家了，瑞典 KOSTA BODA 彩色玻璃 ^{z7} 搬家了。
> 英国 WEDGWOOD 骨瓷 ^{z8} 搬家了，法国 HEDIARD 咖啡 ^{z9} 搬家了。

金耳扣大大小小的娃娃也要跟着人一起 z^{10} 搬家了。

一九九五年十月一日诚品敦南店搬家。α

同样，我在该搬家文案中也可以加入这些公式：z= 代名词，α = 信息点。

我在一开始学习文案的时候就看李欣频的文案，她用强烈的风格为我们树立了一个榜样：我们可以通过写作文案成为偶像。

后来，随着看的文案越来越多，我发现李欣频的文案其实比较容易模仿，因为在她的文案中，形式美感大于内容质感，我还总结了一个李欣频文案的创作公式。

$$n（NA+X）+\alpha = 李欣频文案$$

其中，n 表示次数，NA 表示相同或重复的短语，X 表示不同的名词，α 表示产品信息点。

我们如何理解这个公式呢？它的含义是通过 n 次相同句式和产品信息点的组合方式，构成独特的形式和个人的强烈风格。

李欣频的文案具有很强烈的形式感、阅读体验和个人风格，人们会被她的风格所感染。这是一种独树一帜的天赋，令人一眼就能辨识出来，具有极强的情绪感，所以她才能成为广告文案界的"女王"和"偶像"。

在我的日常工作之中，经常会模仿李欣频的文案。我们先看下面这则诚品南京店开幕的文案。

离开会议发现安静的快乐，离开策略发现创意的快乐。
离开同事发现平和的快乐，离开权利发现安全的快乐。

离开网络发现无知的快乐，离开键盘发现书写的快乐。

离开饭局发现美食的快乐，离开办公室发现新况味的快乐。

十月十二日，诚品南京店全面开幕。

在做一款内衣的提案比稿时，我也曾借鉴过李欣频的文案风格。因为该产品是针对平胸女性的无钢圈内衣，倡导"自由呼吸"、自由自在的价值观。所以，我在形式上使用了大量排比句，让女性在家与在办公室的两种状态形成对冲，让其从另一种状态中解脱出来，从而享受真正的自我。

第一篇是针对职场女性的文案。

离开办公室发现生活的自由。

离开"总经理"发现称呼的自由。

离开职业装发现性感的自由。

离开高跟鞋发现漫步的自由。

离开烟熏妆发现素雅的自由。

离开外在美发现内心的自由。

离开别人的目光发现我的自由。

离开，发现。

离开钢圈内衣，

发现呼吸的自由。

第二篇是针对家庭主妇的文案。

离开妻子发现女人的自由。

离开厨房发现浪漫的自由。

离开家庭发现独立的自由。

离开关系发现孤独的自由。

离开群聊发现清静的自由。

离开束缚发现享受的自由。

离开别人的嘈杂发现我的自由。

离开，发现。

离开钢圈内衣，

发现呼吸的自由。

仔细对比，你会发现这两篇文案的确借鉴了李欣频的风格。

首先，我借鉴了她的用词：在找到一组词眼"离开－发现"后，我以它们作为文案的基本骨架，建构了文案的基本形态。

在李欣频的文案中，她用"离开"将"会议"与"安静"对立，形成了一种对冲方式，这种对冲方式表现在形态上就是句式。通过分析，我们发现这则文案以"离开××发现××的快乐"为基本句式，前后两个名词为对立关系。这样，我们基本上就弄清楚了她的句式组合方法。

在弄清楚了文案的句式后，模仿的核心便是找到情绪或味道。我找了各种不同的意象，塑造了排山倒海般的阅读感官体验：先铺垫很多典故、意象、名词，让文案看起来很宏伟；最后的广告信息则是一些比较具象的信息点，也就是以排山倒海之势打透某个卖点。

与唱歌、跳舞、绘画一样，文案也具有不同的风格及特点。

只要抓住这些风格及特点,我们就可以自如地驾驭不同文风,让自己成为"百变小能手",应对工作当中的不同要求。

4.6.3 从大量模仿中创造

无论学习什么技能,大多数人都是从模仿开始的:画完了几本伦勃朗的画帖,素描功底一下子提升了;临摹了无数遍王羲之的字帖,写书法开始得心应手;弹会了 100 首吉他曲,基本上就学会了弹吉他。

你会发现,学习的过程就是先模仿再创造的过程,文案也是如此。

找到你喜欢的文案创作者的作品,细读到可以脱口而出的程度,这是第一步。例如,我喜欢陈绍团的文案,熟读他的很多经典作品,如"最好的答案,不在熟悉的路上""没有一定高度,不适合如此低调""棱角的退化是这个时代的悲哀,好在有凯迪拉克"等,这些文案我基本上可以脱口而出。

第二步是模仿。记得在之前的一次汽车比稿中,为了体现汽车的性能,我借用了陈绍团曾经写过的一则文案"感谢冰峰,感谢风暴,感谢悬崖,感谢缺氧"。通过这则文案的形式,我将汽车的性能与自然界中的一些事物联系起来,创作了下面这则文案。

感谢闪电,

为我比拟飞速行驶的快感。

感谢风暴,
让我读懂引擎咆哮的声浪。

感谢缺氧,
使我忘记忽明忽灭的心悸。

如果没有读过陈绍团的那些文案,我会缺少很多写作的灵感。当然,这只是一种学习的方法。

"先模仿再创造"几乎是所有新鲜事物的诞生逻辑。对于文案创作者来讲,模仿仅仅是开始,想要形成风格,我们还需要形成自己的用词习惯、句式组合方式和情绪表达,这才是真正的文案成长之路。

其实文案只是一个表达的工具,最终还是要为创作者的思想服务的。创作者要先有所思,再有所言、有所写。在广告世界里,文案最终一定是为创意、策略服务的工具,不过文案的风格确实可以塑造品牌的风格,最终为塑造品牌的辨识度及差异化做出贡献。

4.7 文案共鸣,从哪里来

在我们的日常生活之中,有许多令人心领神会的时刻。

例如,当你路过一个广场听到流浪歌手在唱歌时,你可能会被一句歌词打动，驻足倾听，回想自己曾经漂泊的经历。

再如，当你在聚会中抛出一个"烂梗"，别人都领悟不到，只有一个人冷笑一声并接住它时，你肯定会向他投去"哎哟！你懂我"的眼神。

又如，当你看到一部电影中某个催泪的画面时，你会和其他人一样，在主人公陷入两难之时难过得掉下眼泪。

为什么很多我们做过的难忘事情、看过的难忘电影，能令人产生共鸣、催人泪下呢？因为它们与我们的人生经历息息相关，并以一种画面重塑的方式唤醒了过往的记忆，让我们产生了同频共振。

同理，打动人心的文案，往往也是情绪共鸣的结果。

例如，某品牌有一句文案，"在一个面包丰盛的时代，最饥饿的，往往是精神。"一句话，直指我们这个时代的病症。我们身处喧哗浮世之中，常常受到物欲的诱惑，又因为某些不满足而不快乐，于是摆在我们面前的问题是：这个物质丰盛的时代，到底缺失了什么样的精神？在这句文案面前，我们每个人都会有同感、有共鸣。

文案的"共鸣"，从表面上看，是对基本事件有共识，即对于某件事情拥有相同的认知，如这样一句文案"懂的越多，能懂你的就越少。"从深层次上讲，它是达成一种情绪上的"共融"，对于同一件事物，形成同一种情绪，直至"你中有我，我中有你"的境界，让人忘记彼此的界限，如一则公益广告的文案"爱，是陪我们行走一生的行李。"

基本观点达成共识，场景体验达成共振，情绪感官达成共融，这些都是文案共鸣带来的感知。

在 4.7 节中，我想从个人的审美角度，谈谈对于文案共鸣的理解：文案共鸣有几种境界？文案共鸣的核心能力是什么？文案共鸣的要诀是什么？

4.7.1 文案共鸣的三种境界

人或多或少会有一些小毛病，而有的文案能"查病"，有的文案能"治病"，有的文案能做"病后康复"，所以文案共鸣至少有以下三种境界。

1. "哎哟，你懂我啊"

第一种境界是指出人的毛病。这种文案像你的"闺蜜"一样，说一些掏心掏肺的话，以建立一种相互信赖、彼此理解的关系。

例如，"真正的对手，是你最想赢的那个"，这句文案懂你的好胜心，懂你真正想赢的对手是谁。

又如，电影《山河故人》海报里的一句话"每个人只能陪你走一段路"，懂你的人生状态，懂你的现实困境。

2. "天哪，太'扎心'了"

第二种境界是攻击人的毛病。这种文案像你的爸妈、老师这些"大家长"在说话一样，一般比较直言不讳，直指你的问题。

这种文案说的全是你的痛点，不只是共鸣，简直就是教育。例如，"年纪越大，越没有人会原谅你的穷"，以部分现代青年堪忧的财务状况作为文案切入点，指出你的穷、你的窘迫，"扎"你的心，促使你买基金理财。（顺便说一下，这组文案运用了经典的文案写作"三段论",即"现象—痛点—解决方案":"你每天都很困,只因为你被生活所困"是生活现象,"年纪越大,越没有人会原谅你的穷"是痛点,"让理财给生活多一次机会",倡导理财,是解决方案。这个逻辑链条完整地诠释了一组文案比较基本的范式,大家可以参考。)

另外,罗永浩在做英语培训机构时推出过一个"人民币一块钱在今天还能买点什么"的系列文案,针对的就是通货膨胀导致"钱不值钱"的时代痛点。

还有一些房地产文案,将年轻人理想与现实的两难联系起来,说得很"扎心",让人看完就想买房。例如,"别让这座城市留下你的青春,却留不下你""你可以继续漂泊,但爱情不同意",在活生生的现实面前,爱情变得很纠结。

我之前还看过一个段子,"在成年人的世界里,容易的只有长胖",对于中年发福的人来讲,这个段子也很"痛",很有共鸣。

3."妈呀,我好感动"

第三种境界是治愈人的毛病。这种文案像追求女生的男生一样,经常说一些情意绵绵的话,让你卸下心理防线,完全被情感俘虏。

这是文案共鸣的最高境界,以情动人。例如,999感冒灵推出过一个视频,文案结尾说"这个世界,总有人偷偷爱着你",很温暖,很感人。又如,方太的视频文案说"我没有离开家,只是把家带去了远方",骨肉情、游子意,还有乡愁的意蕴,全部浓缩在一句文案里,令人动容。

如同情话,情意绵绵、温婉动人,是这种共鸣文案的一大特性。它们能找到人们心中最柔软的部分,并将其转化为内涵更加丰富的文案。

上文提及的文案"爱,是陪我们行走一生的行李"就真正打动了我。这句话,让我产生了共鸣。包容与理解、行走与迁徙,人们在种种场景中的感受被一句话道尽。当初正是因为这句话,我才产生了写作本章内容的动机,足见文案共鸣的重要性。

4.7.2 文案共鸣的核心能力

共鸣是结果,文案的核心还是洞察。共鸣发生在文案写作之后,是文案呈现出来的一种结果。想写出共鸣文案,最重要的还是洞察力。

洞察一个生活细节、洞察一处社会困境、洞察一种情感需求,你洞察的这个点、这个面,是否能引起受众的共鸣?它有没有存在于受众的认知之中?它能否给受众带来触动?这些都是我们需要通过"洞察"解决的问题。其实,"洞察"这个词早已屡见不鲜,甚至被用"烂"了。在工作当中,大家都强调"洞察",但是没有人告诉你究竟该如何洞察及洞察什么。

很多人认为,文案创作者需要丰富的阅历及人生经验,才可能写出有洞察力的文案。这种想法有一定的道理,因为洞察的核心是找到人们共同的心理和未被察觉的细节。这种能力,只有真正经历过很多故事的"老"文案创作者才能拥有。人生的多种难堪、失望、痛苦、惆怅,是需要时间才能看到、悟到、"心"到、"手"到的。

为房地产写一则广告文案，有些人可能会描述卖点，如位置、价格、户型、公摊率、绿化率、周边资源等；还有些人则直接给你一记"猛击"，击中年轻人漂泊在外的真实心理："故乡眼中的骄子，不该是城市的游子"。

当年，这句话一出现就引起了很多人的共鸣，甚至在与朋友聊天时也会脱口而出。

同样"扎心"的话，我在朋友圈中也看到过一句："房子逼走了人才"。关于房子，在现在和将来的很多年里还会是大家热烈讨论的话题，因为这是时代痛点，所以围绕房子写作的文案，更容易成为集体共识，达成共鸣。

这也是洞察的基本功之一——找到集体意识里的共同记忆或伤痛。

除此以外，我们在洞察时还要找到未被察觉的细节。我在很早以前看过一个案例，是一个擦鞋广告在修改前后的对比：一则普通的文案，为了介绍擦鞋业务，可能会写"请坐，擦鞋"；而一则具有洞察力的文案，可能会写"约会前，请擦鞋。"后者深谙人们的心理，找到了一个细节场景，描述了一个"重要时刻"——约会，将"约会"与"擦鞋"捆绑在一起，形成了强烈的需求共鸣。

找到未被察觉的细节，你的文章就离共鸣文案更近了一步。因为"细节"代表的是可以被描述的具体场景，是可以被感知的具体情绪。文案只有描述出"颗粒感"饱满的场景，才有可能成为与受众同频共振的好文案，也就是我一直强调的共鸣文案。

4.7.3 文案共鸣九字要诀

那么，共鸣文案到底应该怎么写呢？我总结了九字要诀：时代病、价值观、小情绪。

1. 时代病

每一个社会阶段总会有某些共性问题，这些共性问题就是整个社会的集体痛点。例如，在我们这个时代中，房价高、结婚晚、空心病、贫富悬殊、单身主义、人口老龄化等问题，就从宏观角度达成了一种高频共振。

2016年新世相的"逃离北上广"活动就是一个鲜活的例子，它针对的是我们这个时代之中，漂泊在城市里、挤在地铁里的那群人的"格子间"人设，这个活动带给人们的看似只是暂时的放空，实则是精神的"解药"。

"世界那么大，我想去看看"不也是同样的时代痛点，同样的火爆动机，同样的逃离此地、"做自己的主"吗？

同理，"说走就走的旅行""身体和灵魂必须有一个在路上"等火爆的文案，仔细想想，它们解决的都是同一个问题：城市太压抑，我要出去走走。

现在，你可以找一个时代病，写一句文案试试。这个时代，夸夸其谈的人很多，无论干什么都要演讲、宣传，在抖音上走红的也有这种视频，巧舌如簧的人似乎更受这个时代的欢迎。

但是，你有没有和我一样，对此觉得有点腻、有点烦呢？针对这个问题，我们发现现实生活中存在一种"语言膨胀"的现象，所以我写了这句文案："语言膨胀的人，思想正在慢慢缩水"。

这句文案可以用在知识类的产品或服务上,强调与口头吹牛相比,思想的价值更应该被看见。

从时代病中找到的共性问题比较宏观,我们还要将其转化为个人得失,才有可能引起共鸣。

2. 价值观

有时候,共鸣文案的写作像哲人输出价值观一样,具有高度的凝练性,而且往往是具有主张性的观点,因为价值观天生具有鼓动性和号召力。

一句蕴含价值观的文案可能更容易得到别人的认同和信赖,从而产生共鸣。毛不易在某节目中说过一句话,"四十岁就是新的二十岁",带有很强的个人价值观,引起了很多观众的共鸣。出自罗曼·罗兰的小说《约翰·克利斯朵夫》的"有些人二十岁就死了,等到八十岁才被埋葬"也有异曲同工之处,具有很强的感染力。

其实这两句话都是在传递一种价值观,利用价值观引起共鸣。生活中很多具有价值观的言论,我们都可以作为共鸣文案来使用。

记得在上初中时,我在小红墙上粉刷过这句话:"把弯路走直的人,是聪明的;把直路走弯的人,是潇洒的"。

这种具有辩证思想的价值观很容易引起我的共鸣,因为在两种人生态度中总能找到一种契合自己的态度,所以这句话对我来说就会非常具有共鸣感。

这种价值观式的共鸣文案还有很多,如铁时达的"时间,让爱更了解爱",新百伦的"人生没有白走的路,每一步都算数"等,自带价值观,自然有共鸣。

每个人都有自己的价值观，我们不妨将平时的灵感冲动转化为文案。我经常说的"人生谷底也是命运转机""笑容是一张漂亮的面具""先别放弃，因为，别人会先放弃"等，诸如此类，都是从价值观出发，找到令人有所感触的"点"并转化为文案，从而触达"心动"的。

3. 小情绪

人类的情绪复杂多变，时时刻刻都在相互转化，悲欢离合，阴晴圆缺，像电池的正极和负极、世界的阳光和晦暗一样。在两个极端中间，情绪会分化出一些小细节。

正向的情绪，有大笑、窃喜、恬静、好感、愉悦等；反向的情绪，有悲伤、失落、焦虑、沮丧、痛苦等。当某一种情绪处于某一种场景之中时，又可以分化出不同的细节，形成不同的文案。这些情绪是情感在某一个瞬间的表现，像蛋糕上的那一颗"小樱桃"，让人在某种氛围下产生惊讶感。

就像一款袖珍手机的文案，"越大越觉得，还是小的时候好"，迎合了大众关于童趣的回味，制造出一种回到童年时期的愉悦感。

步履不停的"和任何一种生活，摩擦久了都会起球"，写的是一种厌烦的情绪，它将衣服与情绪结合在一起，将衣服人格化，带来更多奇妙的感触。步履不停的那一套文案我非常喜欢，每一条文案写得都很走心，都带有一种情绪："只有衣服知道你的秘密"，探究的是人心的深不可测；"听说最暖的衣服，是口袋塞满钱的那种"，表现的是一份狡黠。在这些不同的小情绪之中，我们可以找到内心的共鸣，领悟心动的真谛。

4.7.4 总结：文案共鸣时刻

共鸣文案来自生活中的共鸣时刻，来自观点的共识、场景的共振和情绪的共融。从时代病洞察社会心理，从价值观寻求动人话语，从小情绪获取共识情感，这些都是让文案产生共鸣的方式。

共鸣文案的目的是与受众实现心意沟通，促使受众心动、行动。这个过程就像交朋友一样，首先要志趣相投、三观一致，彼此之间才能相互影响、驱使行动。

让我们一起打造文案共鸣时刻，创造受众阅读的峰值体验，让受众惊声尖叫吧！

4.8 抢救文案"修辞病"

可能大多数的文案人和我一样，写过很多"自嗨"式文案。

极致人生里的极致享受。
只有静，才能给人心静。
当星光闪耀时，我就是光。
…………

这些文案大多带有强烈的修辞意味，并且充斥着刻意雕琢的拙劣痕迹，我把它们的问题统称为"修辞病"。

具有"修辞病"的文案充斥着我们的生活，你可以从各类电商平台、各个品牌网站中窥见端倪。在崇尚"ROI""KPI"的移动互联网时代，我在淘宝上搜索"美瞳"，竟然还是出现了大量产品雷同、文案"自嗨"、画面粗糙的页面，不禁让人感叹：简直遍地都是文案"修辞病"啊！

淘宝页面像一个"线上橱窗"，虽然很多企业花了很多钱优化竞价排名，但是最终都输给了文案。

从我对美瞳产品的搜索结果来看，很多文案让人心生疑惑：什么是"映射出你的魅力"？什么是"自然睛彩，每时每刻"？美瞳的卖点是这些吗？在这些文案之中，唯一让人觉得略胜一筹的文案竟然只有"源自日本"，至少这句文案告诉了我们产品的差异化特征，亮出了一个卖点。

同样的竞价排名、同样的流量购买，如果你的文案转化率更高一些，带来的销量可能就会呈指数级增长。可是大多数品牌的文案充斥着"修辞病"，品牌方还对此不以为意。

在日常的文案工作中，我们经常面临反复修改的问题。然而修改的目的不是促成实际的产品转化，却只是提升原有文案的文学性、情绪感。例如，上文提及的"自然睛彩，每时每刻"，领导看过后认为还有提升空间，可能就将"每时每刻"改成了"美时美刻"。

我们常常陷入这种咬文嚼字的状态里，任由文案的"修辞病"恶化为"修辞癌"，最终"放弃治疗"。

经过仔细分析，我认为这种徒有华丽外表却没有任何影响力、行动力的文案，往往具有以下几种"修辞病"。

1. 强行修饰

无论是对偶、排比、比喻、反复等任何一种修辞手法，总之得用一个，才显得文案有"格调"，如"静中取静""热闹是热闹的反义词""共创美好，同声相伴"等，说了好像没说一样。

2. 流于形式

很多文案特别追求工整，必须用四字成语，必须用上下两句，必须用词汇量将受众"打倒"，如"我心澎湃，动人心弦""你的霸气外露，我的中'汽'十足"等，总之心中有格律，容不得半点差错。

3. 不痛不痒

还有些文案看起来很美，读起来也很顺，可就是无法给人留下很深的印象，看完以后也记不起来，如"一个街区，缤纷一座城市""时间成就经典，岁月铸造永恒"等。

这些文案各有各的精彩，但也有一些共同的缺点：所指不明确，能指不感人，无法促使受众行动。

为什么会出现这样的"自嗨"式文案呢？我们又应该如何解决文案的"修辞病"呢？

4.8.1 "修辞病"的病理

"修辞病"其实是甲方与乙方"合谋"的结果。广告公司的一般作业流程是"甲方公司招标—代理公司比稿—执行项目—结案报告"。在这个流程中，你会发现一个很奇怪的现象：各家代理公司的比稿方案都很有创意，甲方公司"择优录取"了一家公司，然而执行项目的结果却常常令人大跌眼镜。

甲方公司埋怨乙方公司的执行能力太差，连比稿时的一半都不如。殊不知，所有项目的最终呈现都是甲方与乙方"合谋"的结果。如果双方严格执行比稿时的创意，只修改一些细节，那么我相信在这个世界上会产生很多优质的广告，诞生很多伟大的创意。

可惜在现实工作之中，更多的现象是双方互相推诿扯皮，把一件事情做得拖拖拉拉，最终的结果是不欢而散，文案的"修辞病"也由此而来。

之所以造成这种现象，是因为真正的项目执行逻辑是：甲方公司的对接人员难以接受任何有风险的创意，因为这直接关系到其个人的工作升迁，他要向领导请示，又怕挨骂，所以会选择一个最稳妥的方案。而在大多数情况下，乙方公司的客户部人员根本无法说服客户，只能任由客户提出修改意见，然后让创意部的工作人员陷入循环修改的工作之中。客户部总拿客户要求说事，创意部急着回复客户，按客户要求给了几版样稿，却没有一版是自己喜欢的。

创意部、客户部、甲方公司，三者之间你来我往，成了一个"零和博弈"的过程，最终卡在项目结束的时间节点上，推出了一个各方都不满意的作品。

在这种情况下，文案的"修辞病"便到处滋生。本来，你为一则广告语找到了一个特别好的洞察点，主打某一个消费场景，如"贵人来，金茅台"。但强势的客户说："这句话太平淡了，意思我懂，但是没有传播力，你再想想。"你该怎么办？客户部搞不定客户，只能倒逼创意部，为了完成任务，后者只能搜肠刮肚，找了一句《将进酒》里的名句做背书,瞎编了一句"人生得意金茅台",客户读了觉得有点儿意思,于是让你朝着这个方向继续润色。

这样,文案工作就陷入了对修辞的过度调整中。从一开始的需求,我们就走错了方向,文案的"修辞病"怎么可能不蔓延?难怪真正解决营销问题的机构一般不参与公司比稿,过度的消耗的确是一个特别大的原因。

4.8.2 "修辞病"的"临床症状"

文案"修辞病"就是过度使用修辞手法,导致文案别扭拗口的现象,百度公司前副总裁李靖将这种文案称为"自嗨"文案、"X型"文案、"月薪3000元"文案。其实,真正的文案创作者可以预判自己的文案效果,有时候写"自嗨"文案,实在是"人在江湖身不由己"。

对于文案"修辞病",我含泪总结了以下"临床症状",大家可以从中吸取教训。

1. "修辞病"为什么会滋长?因为谐音梗

"修辞病"的常见表现之一,就是大量使用谐音梗。谐音梗是写作文案的常用手法之一,可以迅速"解决"客户提出的"文案与品牌或产品关联度低"的问题。

例如,我们经常会遇到取名问题,有一些商店名称,如"顶头尚丝""衫国演义""郎菜女冒"等,确实不算太高明。

这些取名方法经常用于跟踪热点的情况,在大品牌的文案之中也很常见，如端午节的热点海报，很多互联网品牌用"粽"字谐音，包括"粽是××""粽情××""浓情粽意××"等。

放松个两三天，

再放"粽"个两三天。

粽子为什么要放两三天？放久了不怕坏掉吗？这些谐音梗，空洞无所指，内容又无聊，让人不得不"吐槽"。

但是，我并不是反对谐音梗，谐音梗用得好也会为文案加分。例如，在2020年"6·18"购物节时，天猫就用谐音梗写出了"生活，不'燃'怎样"的文案，突出年轻人"燃"的生活态度，再配合一些画面，效果也不错。80后和90后的偶像发布会、粉丝团取名也经常使用谐音梗的方式，与偶像联系紧密又朗朗上口，比较有名的有两位，王菲的演唱会取名"菲比寻常"，周杰伦的演唱会取名"无与伦比"。

可见，生活中的谐音梗无处不在、有好有坏，我们可不能生搬硬套、随便乱用啊。

2. 藏头诗真不错，读完之后真无语

谐音梗的"亲兄弟"就是藏头藏字，一不小心就把你搞得晕头转向，是"修辞病"的另一个"临床症状"。

很多品牌的社交文案用了四个成语，就是为了藏一个品牌名，多不容易啊！但是又有什么用呢？

不过，在我的工作之中，有时也会使用这种写作方式，惭愧惭愧！尤其是很多发布会、公司周年会等，客户要求必须在主题

中露出品牌名或周年数字,所以很容易出现这样的情况。

例如,我曾经帮一位朋友的公司写过一则粉丝答谢会展板的文案,为了突出品牌名"道地良品",我写了一个"源聚道地,药溯良品"的文案,完全就是藏字。现在读来,简直是羞愧难当!还不如直接写一句"谢谢朋友"来得更真诚!但是我也知道,如果真的写成"谢谢朋友",那么朋友肯定觉得我在敷衍她,因为她要的就是那种听起来与品牌名有点儿关联的"修辞病"文案。

3. 什么方式都不行就用对偶和排比,反正读起来有气势

有时候,文案创作者有一种职业病,就是必须使用对偶和排比,看见两行字中的一行多一个字,马上想到的就是把它们补成长短相等的两行字。可能是因为我国的唐诗宋词、汉赋元曲往往以整齐对称为美,所以培养了我们这样的文字审美。

但是这种审美用到文案写作中,有时候真的有点腻、有点土、有点啰唆,如以下文案。

> 让温馨随身相伴,让真爱留在心底。
> 我们追求极致,我们追求完美。
> 一声声呼唤,一次次感动。
> 闪耀我心,闪亮登场。
> …………

这样的文案,真的很容易写,但是也真的很无感。对偶和排比的运用本身没有错,但是应该有所指,而不是只强调形式的美

感,却忽略了受众的接受能力。

4. 空洞的修辞,令人更空洞

关于修辞,我还能找出很多毛病。但我并不是反对修辞,因为几乎所有的精彩文案都离不开修辞手法。我反对的是空洞的修辞。

大多数具有"修辞病"的文案并不是因为运用了修辞,而是因为表现出来的效果非常空洞。

也有把对偶和排比用得比较好的文案,如"人头马一开,好事自然来"就是对偶,充满了浓郁的欢快气氛,而且关联了品牌的美好联想。

如果我们写"极致生活在××"就会很空洞,因为"极致"这个词本身就相当空泛,这样表现出来的文案就更加空泛了。所以"修辞病"的核心问题并不是修辞,而是搞清楚运用修辞表达的内容能给我们带来怎样的影响和体验。

例如,"世界上有一种专门拆散亲子关系的怪物,叫作'长大'"就运用了比喻的修辞手法,但是我们在读后会有很深、很强的情感共鸣,并不会觉得空洞。真正空洞的比喻类似"你就像花儿一样美丽!""花儿"是什么样子的?"你"又是什么样子的?这些内容在文案中都没有交代,没有任何细节感,这就是"修辞病"。

有所指、有细节、有共鸣,这样的文案,是基本合格的文案;相反,无场景、无情绪、无感动,只能让人看到修辞手法的文案,就是有"修辞病"的文案。

4.8.3 "修辞病"的抢救手段及注意事项

文案有没有"修辞病"其实很好判断，语感正常的人基本上都能分清楚什么是"修辞病"，但仅仅能分清楚还不够，我们还要去除文案的"修辞病"。以下是我总结的两个比较基本、简单的方法。

1. 像正常人一样正常说话，"说人话"、说真话

从严格意义上讲，文案不是写作，而是说话。正常人说话不会刻意运用修辞手法，不会一上来就对你说"你好像一棵伟岸的树啊"，或者"你的样子，就是生命馈赠的结果"，这不是有毛病嘛！

"说人话"，就是用一种平常人说话的方式说话。看过罗永浩直播的人，应该知道在他的第一张海报文案上只有四个大字：交个朋友。这就是正常说话、说大白话。"交个朋友"，简洁明快，也没有什么修辞手法，但是它回答了人们关于"罗永浩直播"的疑问，甚至拉近了他与陌生人之间的距离。这句文案暗含的是：我的直播是为了交朋友，所以销售的商品肯定物美价廉。

简简单单地说话，却让人记忆犹新。

说真话，也是一个去除"修辞病"的方法。一般情况下，"修辞病"之所以产生，是因为文案创作者惯用夸张和虚张声势的方式写文案，不习惯说真话，这样写出来的东西就会很别扭。例如，在上文中提到的例子，我在淘宝上搜索"美瞳"，出现了一系列不真诚的文案。直到打开其中一款产品的文案，我发现有一句话很适合做封面文案，比"自然睛彩，每时每刻"听起来像真话多了。它是这样写的：为敏感眼量身打造。我认为，将这句话作为产品封面文案，比"自然精彩，每时每刻"的转化率会更高，因为它说了一句真话。

可见，文案只需要说句真话，也许就会脱颖而出。

2. 换个特殊的角度说话，可能会柳暗花明

其实很多文案之所以有"修辞病"，是因为没有找到好的角度。有时候，文案仅仅正常说话确实不够精彩，客户会看不到文案的价值。所以我们需要对文案进行加工，可是一旦加工，文案往往又走了样。

在这种情况下，我们需要找到一个不太一样的切入点。

例如，一提起弹钢琴，我们可能会想到那句著名的广告语"学钢琴的孩子不会变坏"，仔细读一读，其实这句话就找到了一个新奇的角度。如果是"学钢琴的孩子会变好""学钢琴的孩子会更优雅"等正向引导，可能没有很深刻的记忆点。但是利用"恐惧心理"和"害怕失去"的心理进行反向引导，会给受众更强烈的刺激。

所以，我们可以寻找不同的切入点为文案加分，这样会比运用蹩脚的修辞手法效果更好。还是"美瞳"的例子，与其让文案总是强调购买者自己的变化，不如换个想法，强调从其他人的角度看到的变化。这样，"自然睛彩，每时每刻"就可以改成"男人都会多看两眼的美瞳"，从异性的视角表现产品优势。这样既可以去除"修辞病"，又可以带来新鲜感。

4.8.4 总结

在日常的工作和生活之中,"修辞病"很常见,但是它的转化效率很低,文案创作者应该警惕"修辞病"并"尽早治疗"。

一方面,这些年的工作经验告诉我:文案的效果,口语 > 书面语 > 咬文嚼字。文案不是写作,而是说话。找到一个合适的切入点,把商业信息转化为大白话说给受众,比"修辞病"文案更容易得到他们的认可和青睐。

另一方面,产生"修辞病"的原因往往是视角太低。有些文案创作者只专注于手头的文案是否精彩,忘记了从企业营销的角度思考问题,如文案如何突出差异化、如何提升竞争力、能否帮助解决受众的需求疑虑等。

文案创作者要不断地培养自己的战略思维,在平时通过训练强化营销思维和战略思考的能力,从而让自己的文案成为"战略武器",服务于品牌建设。

| 第二篇 |

不同类型的文案，你应该怎么写

文案的不同类型，你知道多少种？不同类型的文案，你应该从哪里着手思考？作为文案创作者，我们需要注意的写作细节有哪些？

第二篇将针对不同类型文案的写作细节，逐一进行分析和探讨，从策略、技巧、实例等不同层面展开，形成一系列的文案写作方法。

▶ 文案类型分析。

▶ 文案写作实例。

▶ 写作方法探讨。

第 5 章

品牌文案怎么写

在写品牌文案之前,我们先了解"品牌"是什么。

品牌的诞生,是为了满足社会监管的需求。带有标识的品牌可以区分不同的企业,使企业的监管更加便捷。这是社会层面的需求。

消费者同样需要品牌。消费者需要信得过的品牌,以免在每次决策时面临选择困难的情况。品牌也可以用于区分消费者的青睐度。买空调选哪个品牌?买汽车选哪个品牌?根据不同需求,消费者可以做出相应的选择。

企业更需要品牌。一方面,品牌的建立是为了产生溢价空间,单个产品本身卖不出价格,而品牌可以赋予产品情感空间、价值诉求、故事内涵等,从而提高产品价格;另一方面,品牌容易产生"粉丝效应",便于产品与消费者形成情感关联,最终推动销量的提升。

品牌的能量很大，但品牌的形成也很难：第一，品牌的形成需要时间，品牌是需要长时间积累的，不是一朝一夕的事情；第二，品牌的形成需要聚焦，品牌需要不断刷新辨识度，形成一套具有差异化特征的体系；第三，品牌的形成需要价值，品牌诉求需要倡导某种价值观，凝聚更多信仰，最终才能产生巨大的影响力。

品牌文案，是打造品牌的内容"触手"，也是品牌触达消费者的"排头兵"。第 5 章将通过品牌命名、品牌口号、品牌故事三个部分，建构品牌文案的基本轮廓。

5.1 品牌命名最难办，三个步骤解决它

在微信里，常常有很多朋友私信我以下问题。

"我想开个饭店，能帮我的店里起个名吗？"

"我们老板悬赏 200 元重塑品牌名，你帮我想个品牌名，征用以后奖金对半分……"

甚至有一些宝宝刚出生的新手爸妈也来凑热闹："帮我们给娃取个名？"

可能很多非文字工作者会认为"命名"这件事情特别简单，随便找个有点儿文采的朋友就可以轻松搞定，而且免费。

在大众的认知当中，常常存在这样的误解：命名是最简单的文学创作，品牌命名是文案创作者最基本的入门技能。

其实这些想法是不对的。我们来一起思考一下：品牌命名真的是"最简单"的文学创作吗？它有没有什么"套路"可寻呢？

5.1.1 好的品牌名,是成功的一半

在解答上文的问题之前,我先向大家分享一个真实的案例。

很早之前,我在一个生产空气净化器的公司上班。这家公司通过互联网营销的方式曾在业界获得了不少成绩,如它是国内首个众筹超过千万元的品牌和国际设计大奖 iF 的获得者,还与拍拍网合作创建了国内"社交团购"之最等。

鲜有人知的是,这家在空气净化器行业具有独特辨识度的公司,在初创之时经历过一次"更名"。这次更名的幕后建言者,正是大名鼎鼎的企业家——江南春。

在 2013 年公司初创之际,几位合伙人觉得他们正在开发一款可以改变大众生活的互联网产品,因此最初为公司取名"极客新蜜蜂",十分具有互联网"范儿",一方面提出"极客"的新潮概念,另一方面"新蜜蜂"也十分具有画面感。

然而,当公司获得天使轮融资后,创始人在找名人背书站台的时候,被常常把《定位》挂在嘴边的江南春挑出了毛病,他觉得"极客新蜜蜂"并没有特别的意义。在经过与创始人的交谈之后,江南春提出了一个新的品牌名——三个爸爸空气净化器。

在更改了品牌名之后,三个爸爸空气净化器也明确了自己的产品定位,即"专为儿童设计的空气净化器"。

于是,三个爸爸空气净化器成为空气净化器行业中最特别的那一个,得到了很多消费者的喜爱。截至 2021 年,三个爸爸空气净化器已经成为行业翘楚,拥有了自己的影响力。

可见,好的品牌名,是成功的一半。好的品牌名可以节约营

销费用、降低传播成本,最重要的是,在好的品牌名背后,隐藏着品牌主想要表达和沟通的美好联想。

品牌是人心的艺术,好的品牌命名有三大好处:一、**降低辨识成本,让消费者一眼发现品牌**;二、**降低传播成本,快速进入消费者内心**;三、**降低使用成本,简单易用便于宣传**。

所以我认为,品牌命名的核心在于创造什么样的联想。如何为品牌命名,其实就是如何为品牌创造美好联想的过程。

要实现这一过程,只需要三个步骤,我们就能为品牌创造一个具有传播力的命名,如图 5.1 所示。

思考自身:"我"最突出的卖点是什么?

塑造结果:"我"要塑造的美好联想是什么?

建立关联:"我"要如何打造更优命名?

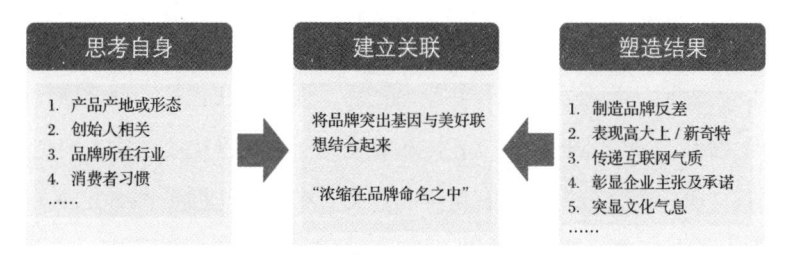

思考自身	建立关联	塑造结果
1. 产品产地或形态 2. 创始人相关 3. 品牌所在行业 4. 消费者习惯 ……	将品牌突出基因与美好联想结合起来 "浓缩在品牌命名之中"	1. 制造品牌反差 2. 表现高大上 / 新奇特 3. 传递互联网气质 4. 彰显企业主张及承诺 5. 突显文化气息 ……

图 5.1 为品牌创造具有传播力的命名的三个步骤

5.1.2 思考自身:"我"最突出的卖点是什么

无论是品牌还是人,我们往往可以找到一些突出的亮点。例如,有的人高,有的人瘦,有的人脸上有雀斑;有的品牌传承了几百年，有的品牌是行业第一，有的品牌创始人很有名等，总有某个亮点是我们在命名的时候必须思考的。

我们找到的那个"最大的亮点"，或许就是品牌基因中最容易影响消费者的要素：基于创始人的影响力，品牌最大的亮点可以是创始人的名字，如叶茂中、香奈儿、梅赛德斯－奔驰等；基于产地的优势，品牌最大的亮点也可以是产地名称，如五常大米、乌江榨菜、秦门陕西菜等；基于消费者的习惯，品牌最大的亮点还可以是一种文化属性，如"四有青年"米粉、"很高兴遇见你"餐厅、"步履不停"服装品牌等。

总之，在为品牌命名之前，我们一定要先想清楚"我"目前最突出的卖点是什么。只有确定了这个参考系，我们才能由此延伸，找到属于自身的品牌基因。

5.1.3 塑造结果："我"要塑造的美好联想是什么

在确定了自身的品牌基因或最突出的卖点之后，我们需要思考一个更核心的目标：品牌命名要塑造什么样的美好联想。

冷色调和暖色调给人的感觉不同，黑夜和白天代表阴阳的两极，四季也有各自的样子。万事万物都代表着一种气息、一个符号，也蕴含着不同的意义。

在广袤的天地之中，我们要寻找不同联想代表的不同结果：大漠孤烟是边塞诗人的联想；流水落花是婉约派的联想；春耕秋收是田园诗人的联想。不同的词语带来的是不同的感受，不同的意象更代表着不同的审美和流派。可见，我们必须要想清楚塑造什么样的美好联想，否则一个简单的命名可能会毁掉品牌的其他资产。

喜茶和丧茶代表两种不同的生活态度，米其林和绝味鸭脖代表两种不同的阶层属性。品牌策划人必须在经过认真的调研和定位之后，明确自己要塑造的美好联想，即品牌针对哪一群人的哪一个点。

5.1.4 建立关联："我"要如何打造更优命名

在修行和成果之间还有一条必经之路。品牌命名的"必经之路"就是将品牌突出基因与美好联想通过浓缩的方式结合起来。

命名是浓缩的过程，建立关联就是在品牌的表象与传播结果之间搭建一条高速通道，让品牌命名拥有更明确、更生动的扩展意义。但是这还不够，因为品牌命名最终是为传播服务的，所以品牌命名在浓缩的同时还要考虑传播的便捷性。这时候，朗朗上口就显得十分重要了。

建立美好的品牌关联，是从品牌基因中找素材、从众多品牌联想中找唯一，最终通过极度浓缩和精确表达，真正为品牌命名。

5.1.5 品牌命名，不只是命名

我来分享一个为朋友策划品牌命名的案例，告诉你如何在实践中用我的方法为品牌命名。我这个朋友从事线下相亲工作，他们每周会组织一些优质的单身男女互动交流，为其提供一个从相

互认识到逐渐相爱的机会。同时，他们会将一部分通过线下活动获得的用户转化为 VIP 会员，对其传授两性之间的情感干货。

我们如何为这个品牌命名呢？

第一，我们思考自身。他们拥有线下获客的能力，且嘉宾较为优质；他们拥有明星导师，可以帮助普通人从零开始塑造自我、解决情感问题；他们拥有新颖的线下交流形式，不但有别于传统婚恋形式，而且真实又有趣。这些都是品牌命名的素材。

第二，我们塑造结果。由于他们通过为单身男女提供婚恋服务，从而向更多人传授处理情感问题的方法，因此我们最终要塑造的是"他们是情感专家或恋爱教练"的品牌联想。

第三，我们建立关联。这才是最关键和最难的部分。

自人类诞生以来，爱情命题一直是永恒的母体。从古典神话、历史文化、诗词歌赋到小说剧本、电视电影，有太多关于爱情的题材。而本案例中的品牌作为婚恋服务的提供者，在同行业之中既有世纪佳缘和珍爱网这样的传统"老大"，又有新兴的相亲类 App 等，我们要为该品牌寻找一个什么样的母体比较好呢？

搜索脑海中关于爱情、婚恋的片段或意象，我们可以找到伊甸园、丘比特、月老、梁祝、简·爱等。首先，我们将这些信息一一罗列；然后，再看我们要塑造的品牌联想，即情感专家或恋爱教练，这些是技能的培训。我们怎样才能将素材与品牌联想结合起来呢？

一边是婚恋，一边是培训，在两边不停地碰撞之下，我发现能引起 90 后中适婚人群共鸣的电影有《情书》《大话西游》《怦然心动》等，代表爱情的符号有吻、红心、戒指、婚纱等，而"爱"出现的频率最高；同时考虑到"专家或教练"的因素，由于我们常常把某一类人称作"××派""××家"，因此我想出了"恋爱家"这样的命名。

"恋爱家"既表达了爱情的母体，又传递了"恋爱之家"的归属感，同时浓缩着"恋爱学家"可以作为情感专家、恋爱教练的含义。"家"既是一种组织的表达，又是一种能力的展示，当然也是一类人的彰显。在流行文化中有"吃货""乐天派"等说法，有了"恋爱家"这个命名，我们也可以发起#我是恋爱家#这样的互动话题，扩大品牌影响。

这就是"恋爱家"的由来。目前，恋爱家在北京线下相亲行业中已经拥有了近万名用户，逐渐成长为一个高端恋爱交友平台。"恋爱家"这个名字，已经成为该品牌不可分割的资产。

我一直强调，品牌命名不是一拍脑门儿随便想的。我们需要权衡很多因素，找到最能引发人们美好联想的词语，品牌才可能脱颖而出。品牌命名不只是一个命名，也是品牌精神的浓缩、品牌价值的彰显、品牌美好联想的呈现。

5.2 如何写出能够自传播的品牌口号

世界那么大，公司那么多，看了不少品牌的品牌口号，背了不少广告语，如"把1000首歌装进口袋里""前后2000万，照亮你的美""今年过节不收礼，收礼只收脑白金""自律给我自由""Just Do It"等。可是，我们背过了别人的口号，还是不会自己写。

怎么会这样呢？

根据我多年的观察，很多我们耳熟能详的品牌口号，并不是多么有传播性、多么闪闪发光，而是品牌主投入了大量的资金支持，坚持打广告，不停地在我们耳边重复，于是潜移默化地使人们接受了广告的核心词语，并且影响了人们的消费决策。

例如，在我家小区楼下有一家幼儿园，每天早上都会播放《小跳蛙》，刚好是大家起床去上班的时间。每天早上路过那家幼儿园时，经常有几个人和我一样被这首歌洗脑，跟着哼唱"我是一只小跳蛙，啦啦啦啦啦"。就这样持续了几个月，我在公司竟然也会不自觉地哼唱《小跳蛙》。这就是重复的魔力！

如今，太多广告充斥在我们的生活之中，每天有那么多的广告语在不断地刷新我们的记忆，假如没有像脑白金、加多宝、OPPO这些大品牌一样的雄厚资金实力进行传播，难道我们就只能自我放弃，不写品牌口号了吗？

当然不是，这反而要求我们的文案要更加石破天惊、耳目一新，才可能以更低的传播成本收获更好的广告效果。这也是我在本节中想要分享的观点：不要以普通人的心态写品牌口号，要学就学"段子手"。

5.2.1 三种品牌口号，你选哪一种

我在读过近千条广告语之后，发现大多数的品牌口号就像我们身边的三种人：第一种是普通的人，一切都按部就班，也不想多么出彩；第二种是优秀的人，目标感很强，目的很明确；第三

种是淘气的人，学习成绩一般，爱调皮捣蛋，让人头疼。

这三种人，第一种人埋没在人海里，平平淡淡才是真；第二种人老师喜欢、同学羡慕、家长放心，经常出现在光荣榜上；第三种人"坏"名远扬，全校皆知，常常被通报批评。可恰恰是第三种人，尽管淘气顽皮，却让所有人终生难忘，甚至多年以后仍然能想起他们当年的趣事。

品牌口号同样可以分为三种：第一种没有特点，是正常型；第二种目标清晰，是优秀型；第三种妙趣横生，是清奇型。第一种口号的传播需要花费大量资金进行不断重复，才能让你记住；第二种口号卖点清晰、针对性强，隔三岔五出来打个照面儿，用它的长处征服你；第三种口号出其不意、石破天惊，会让你常常与他人分享谈论。

第一种口号：正常型（常用虚词和形容词）

SIEMENS 西门子：知其道，觅其妙。

PHILIPS 飞利浦：精于心，简于形。

BAUSCH&LOMB 博士伦：看见更有远见。

Microsoft Windows 微软视窗：您的潜力，我们的动力。

NISSAN TEANA 日产天籁汽车：非凡人，非凡品。

TOSHIBA REGZA 东芝睿智电视：清晰于视，睿智于芯。

NEC 日本电气：想得到，做得到。

Ballentine's 百龄坛：真时刻，更深刻。

White Horse 白马巴士：唯进步，不止步。

第二种口号：优秀型（针对消费场景与核心卖点）

Keep：自律给我自由。

苹果：把1000首歌装进口袋里。

小红书：找到全世界的好东西。

微博：随时随地，发现新鲜事。

加多宝：怕上火，喝加多宝。

大宝：要想皮肤好，天天用大宝。

网易严选：好的生活，没那么贵。

酷我音乐：好音质用酷我。

淘票票：淘出好时光。

第三种口号：清奇型（语不惊人死不休）

网络事件：只要心中有沙，哪里都是马尔代夫。

饿了么：饿了别叫妈，叫饿了么。

网传大妈：甜过初恋。

AcFun：认真你就输了。

柒牌男装：男人就应该对自己狠一点。

农夫山泉：我们不生产水，我们只是大自然的搬运工。

脑白金：今年过节不收礼，收礼只收脑白金。

网友：话不投机鲜橙多。

宁夏硒砂瓜：甜过蜂蜜，气死白糖。

某门店：我们的空调和你前任的心一样冷。

三种品牌口号，是三种人生，更是三种世界观。前两种口号我们经常遇见，第三种口号却不可多得。所以我呼吁大家"用喜剧的视角看生活，用段子的方式写品牌口号"，因为段子传播得更快、更广、更持久。

5.2.2 记忆的核心：反差和冲突

"反差和冲突"是记忆的核心。品牌口号是一家企业、一个品牌或一次活动的核心，它代表着对受众最直接的影响，浓缩着品牌或产品的核心。让消费者潜移默化地接受口号已经实属不易，想让其主动传播更是难上加难。

不过，通过对人类大脑的研究，科学家发现了"反差和冲突"有助于人们记住某个事物。例如：人们对光头的人的记忆度会高于一般人，一个可爱的女生显示出男性化的一面或家庭生活中的争吵等场景更令人记忆深刻。究其原因，一是"反差和冲突"颠覆了人们看待事物一般的角度和惯性，可以产生惊喜的效果；二是"反差和冲突"更有话题性，利于向消费者传播。一辆造型奇特的车、一个标新立异的设计、一块臭豆腐等，都是不同凡响的新奇事物。

在电影《阿甘正传》里，一个低智商的人却不断突破各种困境，完成了很多正常人无法完成的任务，成为普通大众无法成为的人。正是低智商与高成就、小木头与大赢家这种反差的制造，使阿甘成为经典角色，马云也说他最喜欢的电影就是《阿甘正传》。

对于反差和冲突的洞察，是我们在传播中需要切中的要害，这就是品牌口号的段子创作法倡导的传播关键。

5.2.3 品牌口号的段子创作法

段子式或笑话式的品牌口号，有记忆度、话题性，关键是它们能让受众主动传播。笑话可以分为两部分，即铺垫和笑点，如下面这个笑话。

"上海房价太贵了。"
"那为什么不回老家呢？"
"老家——北京。"

在上面这个笑话里，前半部分是铺垫，后半部分是笑点。笑话的铺垫和笑点如图 5.2 所示。

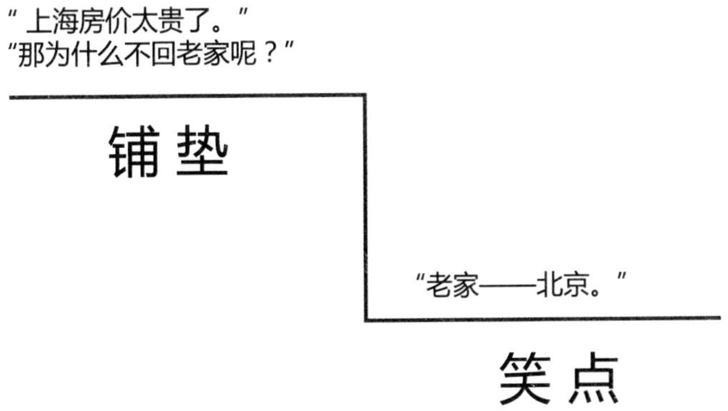

"上海房价太贵了。"
"那为什么不回老家呢？"

铺 垫

"老家——北京。"

笑 点

图 5.2 笑话的铺垫和笑点

笑话的内部机理是：铺垫制造预期，笑点揭示意外。其中暗藏的某种意义或超出预期的转折，正是笑话的关键。

好的笑话能超出受众的预期，同样的道理，好的传播也应该超出预期，让受众一看到就有主动分享和传播的热情。

仔细想想，这些年与网络热点事件相关的段子，大多运用了这类超出预期的反差和冲突。"世界那么大，我想去看看"的火爆，其中暗藏的反差和冲突是我们困于"自我世界"与"突破限制"的矛盾之中，而在这次事件中诞生的"钱包那么小，哪都去不了"等段子也是超出预期的。

如果品牌口号能洞察这种反差和冲突，写出这么石破天惊的句子，不就可以省掉很多广告费了吗？

同理，"只要心中有沙，哪里都是马尔代夫"也是一次超出受众心理预期的热门事件：一个身穿短裤躺在公路上、假装在海边旅行的男人成了人们热议的话题，瞬间刷爆朋友圈。之后途牛旅游也借势"火"了一把。

"段子式"的品牌口号，就是要超出受众的预期，制造让人们分享、热议、传播的话题，从而实现更加高效的传播。

5.2.4 实例：简单学写品牌口号

光说不练假把式。到底怎么用"段子手"的方式写品牌口号？我们一起为大家比较熟悉的品牌重新写一个品牌口号，看看究竟什么是"段子式"品牌口号。

例如，某物流品牌曾主打"快"的卖点，当时的品牌口号是

"××物流,送啥都快"。假设以"快"为核心卖点为该物流品牌写一句品牌口号,你会怎么写呢?

我们可以按照"两种解释—选择超出预期的解释—达到惊人效果"的逻辑来思考。

1. 两种解释

很多现象都存在两种或两种以上的解释,我们需要尽可能找到更多的解释,最终达到"神转折"的效果。

物流的"快"可以怎样解释呢?一种解释是不需要等太久,马上就能送货到家;其他的解释如神速或飞速、比火箭还快、快过四川变脸、快到飞起来等。

2. 选择超出预期的解释

通过"铺垫-笑点"的方法论,我们可以为"快"创造一个统一的铺垫,然后以这个铺垫为基础,找到超出预期的故事结果。

我们可以为该品牌的"快"设置一个"送货送得快"的前提,然后创作不同的故事。

故事一:送货送得快,超过了人们印象中"快"的其他代名词(如闪电侠、孙悟空、火箭升天等),按照这个逻辑,我们可以发散思维,写出不同的品牌口号。

内在逻辑:
每个闪电侠,都曾是该物流品牌的送货员。
品牌口号:
××物流送货快,闪电侠也追不上。

故事二:送货送得快,带来很多意想不到的连锁反应。例如,货物有大有小、有轻有重，但是一车送走都很快；又如，不浪费时间，让消费者及时收到心爱的货物等。我们可以想象一些场景，找到超出预期的惊喜。

① 内在逻辑。

货物不分贵贱，快就对了。

品牌口号：

不管干货水货，××就是快。

② 内在逻辑。

送货送得快，担心就更少一点。

品牌口号：

请您别担心，"嗖"一下就到家。

以上是一些简单的举例，从"快"出发，我们可以延伸出很多清奇的品牌口号。这些品牌口号几乎都带有某种"话题点"，具备互联网传播的基因。但是，并不是所有公司都敢这样写品牌口号。所以，从另一个角度来讲，如果你敢率先这样做，或许就能具有"品牌差异化"，获得某种战略优势。

3. 达到惊人效果

惊人效果往往是超出人们心理预期的，否则无法成为令人发笑和主动传播的品牌口号，要想达到这种效果，需要文案创作者的努力。

品牌口号要想足够特别、足够贴切，且符合品牌传播的价值主张，需要格外注意以下几点。

① 一定要避免恶俗，恶俗会给品牌带来负面影响，不能为达到传播的效果而做出一些损害品牌美好联想的事情。

② 段子说多了会让人产生审美疲劳，所有人都已经知道结果的段子没有任何吸引力。因此当传播的段子失去"笑"果的时候，它就已经完成了任务，并根植于人们心中了。

③ 石破天惊往往会带来巨大的争议，扛得住争议才能经典永流传，扛不住争议就是一时小丑让人唏嘘。

总之，品牌口号的创作一定要新，要创新，要给人耳目一新的感受，这样才能让更多人自觉地进行传播和分享。从不同的维度看待一件事情，往往会产生新的思路和解决办法。所以我们不妨偶尔"不正经"一下，发散思维，或许会创作出令人惊叹的作品。

5.3 如何写好品牌故事

大学时期，班上的男女同学间表达爱慕之情，会送给"意中人"一盒德芙巧克力。我问女同桌为什么要送德芙？她弯着腰，悄悄告诉我：德芙的英文名是Dove，是"Do you love me"的缩写。

从那时起，我就对德芙产生了深深的好奇。同样，海尔也很早就走进了我的记忆，家里人觉得海尔冰箱服务好、品质好，也是因为联想到当年"张瑞敏大锤砸冰箱"的事件。

后来，当我进入了广告公司，才意识到这些都是"品牌故事"，而且是好的品牌故事。好的品牌故事，可以让人铭记多年，并且真正地流传开来。

5.3.1 品牌流传四步法

品牌故事不能只存在于品牌手册中，而要流传于消费者的口中、心中。正如网上关于苹果公司的传说，虽然是网友杜撰的，却具有非常好的传播效果。

有这样三个改变世界的苹果：第一个苹果诱惑了夏娃，开启了人类的欲望；第二个苹果砸中了牛顿，使其发现了万有引力定律；第三个苹果被乔布斯咬了一口，让他发明了风靡世界的苹果系列产品。

这样极具穿透力和传播力的故事，为什么很多企业斥巨资邀请品牌咨询公司却难以创造出来呢？

我们的大脑分为左脑和右脑，左脑侧重理性，右脑侧重感性。左脑更具逻辑及分析能力，决定我们的条理研究和逻辑表达；右脑更具艺术天分，左右我们的音乐、绘画、讲故事等能力。

身处信息大爆炸的时代，每个人的时间仿佛都不够用，这时候左脑会理性地选择屏蔽广告，给自己节省更多时间；而右脑侧重感性，因此人们会不自觉地被故事打动，而且喜欢听一些八卦、趣闻、有意思的事。这样一来，故事化沟通就成为传递信息最有效的方式之一。

但不是所有品牌故事都能流传开来，一个品牌故事要想流传开来必须掌握以下四个核心要素。

① 弄懂品牌核心价值观。
② 创作品牌故事：用一句话来延伸。
③ 寻找传播的支撑点：传播渠道建设和传播节奏把控。
④ 品牌故事必须附着于产品。

品牌故事最直接的来源是品牌核心价值观，因此弄懂品牌核心价值观是创作品牌故事的第一步。然后，我们将价值观演绎为一句话，再将这一句话延伸为一个小故事。接着，我们使用相应的传播手段和方式，将品牌故事推广、传播出去，产生广泛的影响力。最重要的是，无论是什么样的品牌故事，都必须与产品产生强力关联，这样在品牌故事流传的过程中，也会带动产品的销量。

5.3.2 弄懂品牌核心价值观

菲利普·科特勒曾经对故事营销有过解释："故事营销是通过讲述一个与品牌理念相契合的故事来吸引目标消费者，在消费者感受故事情节的过程中，潜移默化地完成品牌信息在消费者心智中的植入。"

"一个与品牌理念相契合的故事"强调的正是"品牌核心价值观"。品牌故事传播内核的建立正是寻找品牌核心价值观的过程。

例如，红极一时的褚橙，在其背后是褚时健的个人IP。褚时健作为曾经的玉溪卷烟厂厂长，一手创造了中国烟草业的第一品牌——红塔山，被人誉为"一代烟王"。然而之后锒铛入狱，人生跌入谷底。出狱后，褚时健与妻子承包荒山，74岁重新创业，将普通橙子打造成"励志橙"。

正如上文所说，褚橙背后的品牌核心价值观，其实就是两个字：励志。这是褚橙区别于普通橙子的核心因素，褚橙浓缩的是褚时健的人生经历及从低谷中崛起的不服输的精神。这个故事极具戏剧冲突："烟王"与阶下囚、老人与新时代、失败者与创业者这些反差，都在不断阐释"励志"二字，赋予了褚橙很多人格背书、精神背书、情怀背书。

通过褚橙的例证我们可以发现，只要找准品牌核心价值观，就能确立品牌的主题。它或许只需要一两个字就能概括：德芙背后的品牌主题是"表白"，苹果背后的品牌主题是"引领"，南方黑芝麻糊背后的品牌主题是"怀念"。还有很多品牌，背后都由一种情感或情绪作为支撑。

弄懂品牌核心价值观，找寻内在的情感依托，是建立品牌故事的原型框架，也是创作品牌故事的第一道工序。

5.3.3 创作品牌故事：用一句话来延伸

创作品牌故事需要坚持"Kiss原则"，即"Keep it simple and stupid"，意思是极其简单、极其通俗。好的品牌故事，往往可以用一句话来概括，也可以用一句话来延伸。

例如褚橙：一颗"励志橙"。其讲述的是"一代烟王"出狱后二次创业的故事。

再如小罐茶：八位大师制作而成。其讲述的是八位制茶大师通过传承手工工艺，让普通人喝上大师茶的故事。

又如 ROSEONLY：一生只送一人。其讲述的是男人送花只能送给唯一的"她"的故事。

品牌故事三大元素：情节、情绪、情感。故事诞生于戏剧冲突之中，没有冲突就没有故事。德芙巧克力"Do you love me"的故事表达的是喜欢与说不出口的冲突；褚橙讲述的是褚时健的人生成败、巅峰与低谷的冲突；而 ROSEONLY 解决的是爱情唯一与害怕分手的冲突。

因此，正式创作品牌故事的第一步是寻找冲突点，通过对消费者痛点的发掘，找出具有传播力的冲突点；第二步是将冲突点放大，放大的过程其实就是写实的过程，通过代入一些真实的情节，让故事更加真实，因为只有真实才能动人。

如果没有褚时健真实的个人经历，那么单凭虚构的设计是无法让人感到震撼和励志的。同理，如果苹果产品没有出色的操作系统、优秀的使用体验，那么"第三个苹果改变世界"的故事也只会是一则笑话。

我们创作品牌故事，应坚持 Kiss 原则，让一切变得简单，方便消费者记忆。要做到这一点，我们需要执行以下两个步骤：一个是发掘消费者的冲突，并让产品或品牌解决这一冲突，这是品牌故事的基本机理；另一个是增添真实情节，让故事有事实作为依据，增强可靠性，利于让消费者进行传播和分享。

5.3.4 寻找传播的支撑点：传播渠道建设和传播节奏把控

很多故事之所以能够流传，离不开传播渠道的建设。上文提到的褚橙，如果没有"本来生活网"的销售渠道供给，没有王石、韩寒等名人的站台背书，没有媒体的发酵和宣传，那么其想"火"起来的难度应该也不低。

假设将品牌故事看作一个产品，它也需要价格、渠道、宣传等因素的共同作用，才能被打造为爆款。所以，品牌故事的传播特别需要传播渠道的加持，更需要市场人员对于传播节奏的把控。

品牌故事基本的流传逻辑是"围绕品牌核心价值观—发掘消费者的冲突点—浓缩为一句话—增添真实情节作为支撑—梳理形成故事—建设传播渠道—把控传播节奏"，通过这一套"组合拳"，最终打动消费者，"在消费者感受故事情节的过程中，潜移默化地完成品牌信息在消费者心智中的植入。"

具体地说，传播渠道分为线上渠道和线下渠道：线上渠道包括网站、社交平台、手机 App 等；线下渠道包括消费者可接触的一切信息，如门店招牌、产品包装、促销信息等。把控传播节奏需要市场人员对这些渠道加以利用、优化，从而完成品牌故事的传播和渗透任务。

5.3.5 品牌故事必须附着于产品

品牌故事并非空中楼阁，需要实体的支撑和支持。产品往往作为品牌的真实依托，表现品牌故事所传递的品牌理念。因此品牌故事必须附着于产品，通过产品包装、产品细节、产品卖点、产品口碑等环节的塑造，提升品牌故事的可感度。

仍以褚橙为例，通过让产品包装设计承载一些与"励志"相关的话语，褚橙产品显得温情了许多。在刚上市的时候，褚橙的包装附着了很多文案，如"别太较真，但必须认真""人生起起落落，精神终可传承"等积极向上的话语，突出褚橙的与众不同和励志精神。这样，褚橙作为"励志橙"就真正拥有了人格魅力，让消费者产生拍照分享的欲望，发表自己关于褚橙的感悟，传播达观励志的人生态度。

无论是产品包装、宣传策略还是媒介选择，都要能支撑品牌故事所传递的理念及价值观，做到上下一致、真实有料。

5.3.6 总结：品牌流传是一套"组合拳"

品牌故事只有在得到流传并成为消费者认识一家企业的一个窗口的时候，才算真正发挥了它的作用。品牌故事不是宣传手册，只要写在官网首页上就行了，而是要真正流传开来才会有效果和价值的，哪怕只是一句话。

故事化沟通是传递信息的有效方式，因为人们天生具有好奇心，会忍不住想分享一个真正具有传播价值的故事，而不是一件冷冰冰的产品。这也是品牌塑造品牌故事的价值所在。

品牌流传是一套"组合拳"，而不仅是简单地找一个有文采的文案创作者写一个短故事而已。它必须遵循流传的规律，通过

"贴价值—找冲突—简单化—建渠道—控节奏—促流传"这一逻辑，才能得到真正的成长和发扬。

最不能忘记的一点是，品牌故事必须找到可以附着的产品，真正可感知、可感触、可感动的产品。只有这样，品牌故事才能真正地发挥价值。

第6章

画册文案怎么写

不知道你有没有发现一个现象：随着移动互联网时代的到来，人们习惯用手机上网、聊天、阅读，很多企业便不再做企业画册，更具传播效果的企业 H5 页面越来越受欢迎，仿佛企业画册已经退出历史舞台了。

与此同时，画册文案也渐渐被取代。易企秀等展示及交互类软件脱颖而出，它们极具交互性、传播度，可以为企业降低成本，也可以减少纸张浪费。这样一来，好像有一种声音在低声地宣告：画册已经落伍了！

6.1 画册已经落伍了吗

这是真的吗？如果我们仔细观察就会发现，画册在某些领域和场景之中是不会被取代的,而且发挥着巨大的作用,如楼书、汽车画册等。

商品的不同,导致消费者的购买决策时间也不同。一般情况下,同一个人面对低价格商品的决策时间较短,面对高价格商品的决策时间较长,而价格较高、购买频率较低的商品(如房产、汽车等)需要消费者花费更长的时间做出决策,因此这些商品仍然需要企业投入精力做画册,以提供更多信息和内容,强化消费者对于某种商品的购买欲望。

问题是,如今市面上的很多画册,无论是广告公司做的还是甲方公司自己做的,并不能尽如人意,没有发挥画册的真正效果。

一般的企业画册,基本上由董事长致辞、企业历程、品牌理念、产品介绍、远景展望、联系方式等一系列索然无味的信息组成,不能与消费者产生真正的关联,更缺乏令人耳目一新的感官冲动。

总的来看,这些企业画册往往具有以下几个问题。

① 设计美观但没有记忆度。对于这些企业画册,人们往往在看的时候觉得赏心悦目,看完以后就忘记了。

② 文案美妙但没有销售力。这些企业画册中往往有很多美妙的句子,具备散文的画面美、诗歌的韵律美,但没有销售力。

③ 功能单一不能重复阅读。一般情况下,人们不会对这些企业画册一读再读,除非是出于专业学习的目的。更关键的是,很少有人会把企业画册送给别人分享传阅,更不会传给子孙后代。

那么,究竟要怎样才能让画册文案发挥它的本色,成为具有销售力的广告利器呢？又要怎样才能让画册文案流传多年呢？

在这里，我要向大家分享一个创作心得：策略先行，文案后行。文案应为策略服务，文案要解决营销问题，更要指向企业的战略目标。所以文案可以不精彩，但必须精准，只有在实现了"精准"以后，"精彩"才有用。

企业画册，无疑是需要文案人员和设计人员合力配合才能完成的，但在此之前我们一定要明白：为什么样的消费者、做什么样的内容、达成什么样的目标。只有在想清楚这些问题以后，我们才能梳理出一套逻辑，撰写相应的文案，设计人员才能为其配图，设计出最终的画册，这是基本的画册制作流程。但我在下文中要提供一个能让企业画册流传多年的制作方式，它需要一套更明确的逻辑和更有创意的想法。

我们需要运用四种思维：战略思维找目标，实战思维找路径，逻辑思维找方法，创意思维找突破。

在本章中，我们以房地产行业的楼书为例，一起探索让画册流传多年的写作方法论。

6.2　确认营销目标，清晰策略指向

被誉为"竞争战略之父"的迈克尔·波特非常重要的"三大竞争战略"，深受市场营销人员的追捧，他提出的低成本战略、差异化战略、目标集聚战略，成为很多后来者的营销利器。

市场就像战场，是否具有战略思维和战略眼光是决定战争

胜负的关键。只有先确认清晰的营销目标、选定明确的"打法"，才会产生之后的市场营销行为。

以国内手机市场为例，小米提倡的"性价比"就是很明显的低成本战略，其在早期没有太多的广告投入，主要靠用户体验、社区运营、用户参与感一步步走到今天。而OPPO、vivo选择的是差异化战略，通过"拍照手机"这一差异化卖点及在三、四线城市渠道的差异化布局，位于出货量排行榜的前几名。

同理，画册文案也要紧跟企业的战略：企业提倡低成本，画册文案就要重点强化这一方面；企业选择差异化战略，画册文案就要选择更加另类的方式，突出差异；企业侧重目标集聚战略，画册文案就要研究特定人群的属性特点、精神价值，做到目标清晰。

与一般社区相比，高端社区的房价卖得比较贵，但是贵在哪里，很多人心里都会有疑问。如果你是某个房产商的市场部文案人员，如何通过楼书解答这个问题呢？

在查阅了很多品牌的楼书之后，我在万科五玠坊的楼书中找到了答案，它在最后一页上用极小的字写下：贵在生活本真。

如果从头开始翻阅，你就会发现这本楼书大有乾坤。因为要诠释"贵在生活本真"的理念（营销目标），所以整本画册分章节地将这几个字串联起来，分别是贵名、在心、生缘、悦活、本源、真悟六个章节，正好诠释了自己的核心诉求，连贯、完整，而且别出心裁。

当然这还不够，每个章节有不同的内容，且每一章节的开头都有设计师的签名，无时无刻不在诠释品牌的核心目标。

这样的画册目标感很强，人们看起来也十分清晰，很简单地就可以复述出来,而且每个字都是一个卖点,提纲挈领,记忆度很高。

画册文案一定要在企业的竞争战略中找准战略目标,针对特定目标衍生出文案、设计、排版、形式等内容。

6.3 找出销售问题,明确执行方案

很多文案创作者在创作画册文案的时候通常会用一种"套路"、一个模板,照着目录在其中加一些虚辞,将高中写散文的功力全用上,到最后往往发现,使了很大的劲,但是没有解决任何营销问题,文案除了读起来很漂亮,真的没有其他可取之处。

所以在正式创作画册文案之前,我们要先解决战略问题(这一点在 6.2 节中已经谈过),再解决具体问题(销售问题或品牌认知问题),最终才能下笔撰写。

为什么很多文案的内容被"吐槽"没有销售力、太"虚"了?一个很大的原因在于,天天坐在办公室的人与消费者之间隔着很远的距离,所以他们创作的文案不落地、不实在、不出彩。如果文案创作者能尝试一个月的销售工作,那么他们的文案转化率会提高很多。

例如,我看过一些企业的画册文案,至今还是"志存高远""信乃万物之源"这些虚辞,之后的正文中却完全没有任何关于"信"的数据佐证及内容支撑,让人十分疑惑,哪里有半点"信"的影子?

我曾经有过一段创业的经历，为一个生产"龙脑（冰片）"衍生品的品牌运营公众号，写过很多龙脑有多厉害，有多少古代的皇帝、大臣使用它的历史，以期刷新人们对龙脑的认知。但是，当时有个做了很多年销售工作的姐姐，她说自己不会写文案，可是懂消费者要什么。于是，她在微信朋友圈中发了一条消息，大意是孩子鼻尖下部溃烂，她用龙脑精油擦了几下，效果很明显，并配上前后对比图，又站在妈妈的立场表达出孩子经常让妈妈操心的共同心声，结果很快就卖出了几瓶精油。

她的行为给了我很大的冲击，让我知道了即使没有太多文采的文案，只要切中消费者的内心，也会产生意想不到的效果。如果画册文案创作者在创作之前能列出消费者关心的核心问题，再通过画册文案进行解答，就很可能提升销售力。

以楼书为例，要想弄明白消费者关心的问题，你可以通过以下三种方式来了解。

① **实地考察**。文案创作者应该走进消费现场，考察一下消费者最关心什么，是价格、产品、品牌，还是其他因素，走一圈你基本就明白了消费者的决策依据和文案的主次。

② **与消费者和销售人员进行交流**。你可以将自己"伪装"成消费者，与消费者和销售人员进行交流，感受消费者的需求，同时也学习销售人员的经验，然后总结自己的文案卖点。

如果不方便实地考察，也可以去各大网络平台看消费者的提问、评论、热议话题等，了解消费者想什么、要什么，这样你的文案才会出色。

知己知彼，百战百胜。这句话对于文案创作者来讲，就是更透彻地观察竞品、洞察消费者，厘清自己面临的问题，然后找出最核心的问题，通过各种方式解决它，让消费者在看到文案后，产生认知、认同并最终购买产品。

其实，找问题的过程就是明确执行方案的过程。就像我在运营"屈太浪"这个公众号的时候，发现网上有很多厉害的人在做关于广告、文案、策划的知识分享，但不是特别系统，缺乏每个类别的具体操作教程，于是我针对这一问题进行梳理和规划，推出了"文案24讲"，一期一期地、系统性地分享内容，明确地执行自己的方案。

6.4　规划制作流程，完成内容设计

通过以上两个步骤，我们确认了营销目标并明确了执行方案，接下来需要规划一套完善的制作流程，完成内容设计。

① 首先确认主题。我们要紧贴营销目标和执行方案，厘清需要解决的问题。正如上文提到的万科将"贵"字作为沟通核心，通过"贵在生活本真"几个字向消费者介绍了高端社区贵在哪里。

② 其次搭起框架。根据主题，我们再搭起整个文案的框架。仍以万科为例，将"贵在生活本真"几个字拆开，通过名字缘由、区位优势、入住感受等板块搭起一个完整的文案框架。还有我看过的一本画册文案，巧妙地利用数字"七、六、五、四、三、二、

一"规划每个章节,创作了整套画册,串联了整本楼书。

③ **然后填充内容。**搭起了完整的文案框架,接下来我们要做的就是填充文案和设计内容。画册文案如果想独辟蹊径,就应该避免过多的排比、对偶,避免堆砌华丽的辞藻,尽量简单化、口语化,这样才能表现不同的感觉。而且内容要居于每个主题之下,结合主题调性进行延展。

④ **最后制作印刷。**制作印刷需要对画册进行美术加工,同样要求符合文案的整体调性,上下一致,真正形成一个整体,最终呈现出具有阅读价值的作品。

完成了以上工作,你基本上就做出了一个合格的画册文案。但如果你想让自己的画册文案流传多年,那么还需要在创意上下功夫。

6.5 创意思维联想,赋予传播能量

以上几点阐释的只是一般画册文案的基本工作,如果你追求流传度,那么这些还远远不够。经过思考,我认为还需要一些小创意来赋予画册文案得以流传的能力。

创意是融合和碰撞的结果,又像是一场"化学反应",如同水遇到强氧化剂会发生爆炸一样,好的创意是将两种或多种属性融为一体,形成令人叹服的杰作。在这个世界上,很多事物都是两种或两种以上事物的集合,不同的事物融为一体,往往会爆发出让人惊奇的能量。

回到楼书的创意，如何能让一本承载广告诉求的楼书流传多年呢？

我们需要思考：什么样的事物能流传多年？这种事物能否成为楼书的设计元素？这样，两者交融产生的新鲜事物，既有楼书的广告属性，又有流传多年的事物的特征。对楼书的属性和可以流传多年的事物的思考，如图 6.1 所示。

楼书的属性有哪些？	可以流传多年的事物有哪些？
书籍	照片
印刷品	遗产
纸质特性	文物收藏品
阅读/包装	音乐、小说、电影等文艺作品
……	贵金属
	……

图 6.1 对楼书的属性和可以流传多年的事物的思考

当你罗列出楼书的属性和可以流传多年的事物以后，再逐一连线，将两种属性进行碰撞，可能就会产生很多不可思议的结果。例如，将"纸质特性"与"贵金属"连线，我们可以做出仿金箔纸楼书，每本书用 0.1 ~ 0.2 克的黄金，它是否就具有了流传多年的价值？再如，让某位名人签名，使这本楼书具有收藏价值，也可以达到流传的效果；又如，将楼书设计成类似《秘密花园》绘本的涂色书，增加趣味性，送给消费者的孩子玩等。

我在思考楼书创意的时候产生了很多想法，但是考虑到商业性与流传价值的统一，最终我构思出一款相片簿形式的楼书。

相片簿楼书可以设计为一个全家相片的收藏夹，这样消费者可以将家里人的相片洗出来夹在上面，在每次翻阅的时候可以再次看到楼书品牌的信息，亲戚朋友也可以相互传阅，重要的是还能将其传给自己的子孙后代。当然，前提是我们要提升楼书的设计感，让商品广告与收藏功能融为一体。

同时，基于这样的楼书创意，我们还可以相应地设计一些品牌互动活动，如"××房产免费为您拍相片""××房产相片博物馆"等，衍生出很多有趣的互动活动，不断地强化品牌在消费者心目中的形象。

这样，创意带来的就不仅仅是一个话题，还有一种关心家庭、留住美好时光的情感，并让原本阅后即忘的楼书可以被真正地保存起来，牵动消费者对于家的种种留恋、感怀和记忆。

如此一来，通过这一套完整的创作逻辑，最后用创意作为点睛之笔，画册文案就会更具目标感、更具记忆度、更具流传度。

6.6 总结：哪里有创意，哪里就有感动

创意能为生活带来感动。当我将相片簿楼书的创意说给别人听的时候，经常会收获暖心的赞誉。有人会说，这个创意好暖心啊，如果商业楼书做成这个样子，那也太让人感动了。

无论是哪种写作，"蘸"一点创意思维的"佐料"，往往能带来超乎想象的惊喜感和惊艳感。我始终相信，哪里有创意，哪里就有感动。画册文案的写作，也可以用创意的方式进行，不过前

提是我们要先完成前面的几个步骤。

思路决定出路。首先是确认营销目标，清晰策略指向，弄懂亟待解决的核心问题，选择正确的战略，这些因素是决定营销战争胜负的关键。

其次是找出销售问题，明确执行方案。从哪里找销售问题？从实战中找。实战就是田野调查，我们需要深入到消费者中去，才能找到核心问题，同时也明确了具体的执行方案。

然后我们要规划制作流程，完成内容设计，搭建具体的行文框架和设计逻辑，推演出科学、合理的创作过程，摸索出方向明确、统一的文案调性，达到合格的文案水平。

最后我们还可以利用创意思维联想，赋予文案传播能量，为画册锦上添花。只要花一些小心思，可能我们就会设计出意想不到的作品，带来裂变、话题和分享，让创意为文案增色。

第 7 章

官网文案怎么写

几年前，中文系毕业的我从一家书画杂志社辞职，加入了一家互联网创业公司。当时，那家公司的市场总监交给我一个任务：为公司写一套官网文案，并且期限只有三天时间。

从来没写过官网文案的我，一时不知从何下手，于是看了很多其他公司的官网，硬着头皮写出了一份官网文案，几经修改，竟然还真的按时上线了。

回过头来看当初写的文案，我在自惭形秽之余又觉得很多初创公司的运营还是有些"粗糙"。市场部的同事们都是一些初出茅庐的年轻人，全凭一腔热血打拼事业，走了不少弯路。

那时候的我，对于官网文案的理解还停留在"拼文采"的阶段，用了很多类似"极致""全新""第一""最"的形容词和副词。到后来自己创业的时候，文案里还残存着许多"修辞病"。例如：以为文案就是堆砌华丽的辞藻，频繁使用各种好听的词；没有任何策略思考，更不考虑真实效果及消费者的阅读感受；陷入"自嗨"式状态无法自拔，运用排比、对偶等各种修辞手法。

再后来，我辗转于各大广告公司之间，慢慢地开始学习市场营销、品牌、策略等各个方面的知识，才发现当初的自己是多么的天真和稚嫩，对于商业文案的写作，也有了一些新的见解。

7.1 官网文案是品牌与消费者的"初次见面"

官网文案是一个品牌与它的消费者最正式的"初次见面"。一家公司的官网往往包含了这家公司希望向消费者传递的核心信息，还能直接与目标消费者产生交流，达成一次关键信息的沟通。因此，官网的设计与制作是一个大工程，需要公司进行缜密的谋篇布局，处处考虑消费者的阅读习惯和心理感受。

一个成功的官网网页设计包括流畅的 UI（用户界面）体验、视觉感知、浏览习惯、阅读方式等部分，需要不同岗位的工作人员共同完成，本章只讨论文案的部分。

官网文案主要分为主页文案、导航栏文案、各板块内容文案、页脚文案等部分。其中，导航栏部分基本又分为产品/业务相关、品牌相关、商务合作/招聘等内容。每一个部分像中药店的药材抽屉一样按主次排列，让消费者在浏览过程中了解到最重要的信息。

不同的行业有不同的设计习惯和整体调性，但万变不离其宗，基本上不会超出以上几部分。

接下来，我将从主页、产品/业务页、品牌页、招聘页几大部分谈谈官网文案到底应该怎么写。在写作之前，我们需要想清楚官网的总体逻辑架构及各部分之间的关联，从而形成一个整体，将官网文案变成有说服力的销售利器，击中消费者的内心。

7.2 主页：一句话唤起心中的喜悦

主页是消费者在进入官网以后获得的最直观的印象，因此它必须将品牌最闪亮的特点呈现出来，并且让消费者感受到。

在主页中最吸引眼球的部分，无疑是 Banner(横幅广告) 图。将最新产品或最优业务呈现在 Banner 图中，是大多数品牌的共同做法。我将这种方式总结为：一句话唤起心中的喜悦。

例如，在小罐茶的官网主页中，首先映入眼帘的是大师手捧产品的主视觉图片，并配以"8 位制茶大师，敬你一杯中国好茶"的文案，直观诠释了"小罐茶，大师作"的品牌口号。

其次，其他的轮播图通常也可以绑定不同导航栏下的重点内容，这样既能彰显品牌的主要信息卖点，又能像索引一样方便消费者查阅重点。

可见，官网文案的撰写有时候像写一篇论文一样，需要由提纲、目录、素材查找、内容填充等各部分构成。

我们可以从品牌核心概念中衍生出一个词，再逐渐形成一个主题，主题可以简明扼要地统领各部分的内容。鉴于当下的时代潮流和审美趣味，我们可以突出简约的设计风格和简洁的文案风格。

如今，很多品牌为了更轻松地引导消费者，还会在主页中添加品牌宣传视频，降低消费者的认知成本，提高品牌或产品的可读性。这也是一个不错的手段。

单看主页的文案设计，我们需要把握两个准则，一个是突出核心信息卖点，另一个是文案可视化。核心信息卖点给消费者留下直观印象，文案可视化提高消费者的记忆度。

另外，利用现代科技，我们还可以打造具有设计感的交互页面，增强网站页面的体验感。例如，三只松鼠的官网利用H5滑屏形式给人很强的游戏感和娱乐性，这样的设计安排也符合其"休闲零食"的定位。

无论是一句话还是一次"见面"，主页的设计必须唤起消费者心中的喜悦，营造一种惊喜感和意外感，让品牌与消费者进行一次感情上的交流和联动。

7.3 产品/业务页："与我有关"才能引起共鸣

产品/业务页是整个官网的核心支柱。我发现很多品牌将官网中的宣传渠道白白浪费掉了，因为其中的文案或设计并没有太大的作用，像我当初刚从事文案工作时一样，一味追求辞藻的华丽，而忘记了商业文案最基本的素养——销售力。

无论是克劳德·霍普金斯、大卫·奥格威，还是"USP理论"的提出者罗瑟·瑞夫斯，以及如今在国内比较知名的文案创作者小马宋、营销观点输出者李靖等人，他们大多强调一个观点：文案不是修辞，而是购买理由，是销售力。

所以，我所说的"卖点"，即文案的更深层含义是"与我（消费者）有关"的卖点就是文案。可以打动消费者，并让消费者花钱购买产品的文案才是好文案。

产品/业务页需要这样的文案，让公司的产品或业务突显出来，给看到它们的消费者一个购买和使用的理由，这样才能让文案实现具有销售力的最终目标。

以小马宋的一个文案为例，他曾在一个分享会上谈及他为一款面膜写的文案，将"文案就是购买理由"的观点阐述得很生动。为突显该品牌"没有门店赚差价"这一卖点，他写了如下文案。

门店销售的每个毛孔，
都流着资本主义肮脏的血液。

毛利40%以下的门店无法生存，
你要相信我，即使销售小姐总是很温柔。

我出于学习的目的，也照此逻辑进行了如下模仿练习。

线下门店消费的每一笔钱，都有1/3付给房产中介。
我只是去买面膜，又不是要去买房。

×××，无门店，少花冤枉钱。

类似的文案，其中隐藏着一个"说服你"的逻辑过程，用数据和佐证让文案变得可信。所以，在产品/业务页的设计部分，我们应该适当突出购买理由，让"与我有关"的利益价值更多地呈现出来，而不是像很多面膜品牌那样只强调"多重补水""唤醒你的美""美成活力派"这类话术，没有真实可信的理由作为支撑，难免显得不那么"靠谱儿"。某些品牌的面膜文案，一上来就是"遇见最美的你"，消费者根本无法感知产品的独特性和销售主张。如果这些因素都不具备，那么这些品牌的文案怎么可能具有销售力呢？

仍然是这款面膜，如果品牌主打"芦荟精华"的独特卖点，其实就可以重点强调这一功能特性，写出类似下面这样的文案。

100片芦荟叶里，只提取1ml的保湿精华。

并不是所有芦荟叶，都有资格被我们提取使用。精选××片芦荟叶精华，花费××小时，试验保湿效果长达24小时。为什么××拥有更多的消费者？因为我们可以让美更久地停留在你的脸上。

所以，产品/业务页的文案一定要体现购买理由。要想在竞品中突出重围，品牌必须向消费者提供更充分的购买理由，这样才会让自己的产品脱颖而出。

7.4　品牌页：公司价值观的设计技巧

品牌页的核心目的，从公司的角度来看，是为了展现公司的实力、价值观及品牌建立的过程等；从消费者的角度来看，浏览品牌页是其寻找认同的过程。像人与人能够交往一样，首先你要觉得对方顺眼，其次相处起来还要舒服。而品牌页就要给消费者这样的体验。

要想获得信赖，品牌可以多用名人背书、媒体背书、权威机构背书等方法。例如：小罐茶用 8 位制茶大师进行背书，并将其转化为产品卖点；很多净化器品牌用权威机构的数据进行背书，强化其专业性；还有更多品牌利用名人进行背书，彰显品牌的风格和调性。

不过，我认为背书并不一定是最重要的，虽然大多数时候它确实很有用。但是，品牌的核心应该时刻突显其整体价值观。

例如，李宁官网的"李宁品牌"菜单栏，分为品牌历史、品牌与赛事、品牌与明星、产品科技等几个部分，全面展现创始人李宁、赞助活动、明星背书、技术创新等各个方面的信息，将一种全新的、代表体育力量的、具有无限可能的价值观尽力诠释出来。其品牌页的文案也相当简洁，没有给人夸夸其谈的感觉，所以消费者会对整个品牌产生真切的好感。

公司价值观不一定要通过文案来彰显，有时候简单地将公司的创建历程、品牌活动、签约明星一一罗列，就可以让消费者心生好感，从而产生购买欲望及行动。

7.5 招聘页：信息明确有好感

很多公司官网的招聘页从来不更新，没有任何招聘的诚意，更有甚者，留下的邮箱还是几年前的人力资源人员的个人邮箱。对于招聘页，其实没有什么特别需要注意的，公司要么把它缩小至页脚部分，要么真实地写下自己的招聘需求。

官网中的所有触点都是品牌资产，招聘页也不例外。很多公司因为部门设置的关系，没有专门的文案创作者撰写招聘页，通常是人力资源人员从不同的地方拼凑而来的，没有一点诚意。

其实，招聘页只要用心地写清楚公司需要什么样的人才，以及可以为人才提供什么样的发展机会等即可。

7.6 其他：不可缺少的细节

最后，我们再说一说其他占用空间虽不大却特别重要的信息，如电商平台。很多公司将其放在底部菜单里，如果是具有多系列产品或属于快消行业的公司，那么我建议将电商平台单独作为导航栏中的一栏，放在消费者可以直接发现并浏览的地方，这样可以提高消费者购买产品的便捷度。

"双微"，即微信、微博也是必不可少的信息，当然前提是公司在这些社交平台中有内容输出，有真正在运营。微信、微博可以将一般受众引导至社交平台成为粉丝，再慢慢培养为消费者群体。

其他的版权、免责声明、售后服务、技术支持等信息，公司可以统一设计，排列为有逻辑感、便于消费者查询和使用的样式。例如，锤子科技官网底部栏目的设计非常人性化，类别归置十分清晰，看起来很清爽，很多细节（如联系电话下方标注的拨打时间及收费标准）可以让消费者一目了然。

7.7 总结：官网文案是综合能力的体现

在撰写官网文案前，我们需要梳理一个逻辑清晰、排列有序的提纲，每一部分表达什么需要主次分明，让消费者一看便知。

主页简明扼要，用一两句话作为详细信息的内容导航，具有类似路标的作用；产品/业务页必须突出购买理由，提升产品的价值感；品牌页的核心目的是让消费者喜欢、爱上，最终购买产品；招聘页也要认真对待，填写真实信息。另外，文案整体的构图排版需要尊重消费者的感受。

官网文案是综合能力的体现，它需要创作品牌口号的能力、提炼产品卖点的能力、撰写品牌故事的能力，由文案创作者将其统一塑造为品牌核心信息点，让消费者看得懂，并且在看过以后可以放在心上。

第 8 章

刷屏级广告歌曲怎么创作

不知道你有没有注意到这样一个现象：在我们的生活中常常会出现一些"刷屏"的广告歌曲，它们似乎自带一种"魔力"，在不经意间进入你的脑海，成为传唱多年的"神曲"。

从过去的燕舞、脑白金、步步高，到如今的安居客、拼多多、蜜雪冰城等品牌的广告神曲，无一不令人印象深刻。有时候，消费者往往嘴上对这些广告歌曲特别抵触，在消费场景中却会不自觉地付费支持。

为什么消费者会如此"口是心非"呢？

在消费场景中，消费者在做消费决策时，大脑中往往只会出现一两个品牌，而在更多情况下，首先进入消费者选择范围的只有一个品牌。在消费决策陷入两难的时机，我们通常会不自觉地被潜意识影响并做出相应的决策，如商品单价越低，决策时间越短，反之亦然。

以加多宝为例，每次我去楼下吃黄焖鸡米饭或火锅的时候，都会下意识地购买一瓶加多宝，因为我怕吃太多油腻和辛辣的东西会上火。如果模拟我的消费决策就会发现，加多宝给了我一个消费理由，让我不自觉地进入它的"广告圈套"。

同样，很多广告歌曲的影响力甚至比广告语的影响力更大，尤其是拼多多用一曲由《好想你》改编的广告歌曲刷遍全网，让人们不自觉地便被其影响，"拼多多，拼多多，拼得多，免得多……"这首歌曲我不知道已经唱了多少遍，可见其洗脑效果之强。

广告神曲最直接的效果是让消费者形成条件反射，从而达到两个目的：一是占领消费者心智，二是在消费场景中促使消费者做出消费决策。

在本章内容中，我希望通过一个简单又高效的方法，让你可以在很短的时间内创作出刷屏级广告歌曲。

8.1 刷屏级广告歌曲的类型

在写作本章之前，我在哔哩哔哩、网易云音乐中看过、听过很多企业的广告歌曲，其中有一些就是流行歌曲，如S.H.E、周杰伦等歌手演唱的歌曲，并不属于刷屏级广告歌曲。真正的"刷屏级广告歌曲"，应该是普通人听过一遍就会唱、唱过一遍就不会忘的歌曲，如"燕舞""脑白金""等灯等灯"等。很多彰显企业文化的歌曲、学习时间超过三分钟的歌曲，都不属于我所说的

"刷屏级广告歌曲"。

刷屏级广告歌曲主要分为以下几种类型。

8.1.1 形象类：单纯彰显品牌属性

人与人在交往时，很重要的一件事情就是让对方知道我的名字。广告歌曲也一样，通过一种声音让消费者知道"我是谁"，从而与其他竞品区别开来，形成自己独特的辨识风格。

例如，酷狗的"Hello，酷狗"、英特尔的"等灯等灯"、步步高的"嗒铃嗒铃嗒铃嗒铃"、苹果的来电提醒等，都属于这一类广告歌曲。它像过去走街串巷的吆喝声一样，通过一种声音，你就知道"它是谁""它来了"，并对"它"产生熟悉感、信任感。

消费者常常会为信任感买单，而在熟悉感的背后就是对于信任感的诉求。因此，这类广告歌曲唤醒的是消费者对于熟悉事物的信任感。

可口可乐曾打造过大量的形象类歌曲，早在20世纪70年代推出的《和平之歌》就是一首广告神曲，后来在美剧《广告狂人》中还有一些情节致敬该歌曲。

8.1.2 信息类：提供具体企业信息

一首广告歌曲要承载什么内容？这是很多企业比较疑惑的问题。对于这个问题，神舟电脑早期的刷屏广告给了我们一种思路：

"四千八百八，奔四扛回家"，让广告歌曲提供具体的信息，当年很多看过该广告的人都记住了商品的价格。记得小时候在看完广告之后，我每次都会跟着重复一遍，完全起到了洗脑的作用。

照此类推，广告神曲可以为消费者提供购买方式、购买地点、购买电话、关注二维码等信息。企业用它们作为广告歌曲的核心内容，可以促使消费者产生具体的行动。

8.1.3 卖点类：突出品牌特征和产品卖点

大多数广告歌曲，基本上要在15秒的时间内突出品牌和产品的核心特征。这样既传播了品牌，又包装了产品，还将两者捆绑输送给消费者。这类广告歌曲包含具体的品牌名称、消费场景或产品卖点等不同的内容。

例如，"脑白金"的经典广告神曲"今年过节不收礼，收礼只收脑白金"，在《二八恋曲》的开头部分加入了这两句广告语，从此开启了脑白金刷屏多年的历史。

又如，搞笑风格的广告歌曲有安居客的《丈母娘叫我去买房》，以阿卡贝拉的形式演唱搞笑神曲，让人在开怀一笑的同时感受到下载并使用安居客的紧迫性。

霓虹闪烁整夜光，掏空身体我还在奔忙，
咬咬牙，银行卡，余额都没涨。

早晨高峰站台上，等了3班挤不上车厢，
上天啊，丈母娘，问我何时买房！

接地气风格的广告歌曲有六颗星牌长效肥的歌曲，以东北二人转的演唱形式传递品牌口号，同时彰显产品功效。

六颗星牌长效肥，轰它一炮管半年。

新潮风格的广告歌曲有支付宝的说唱广告《无束缚》，以说唱的表现方式突出支付宝无须现金支付的优势。

打开我的支付宝，你我之间的符号。
过来扫我支付宝，你想要的能得到。
看看我的支付宝，收入不断在提高。
这是我的支付宝，Alipay yeah that's my style！

如果要选出最喜欢的广告神曲，那么我还是会选拼多多《好想你》版本的广告神曲。它通过耳熟能详的歌曲传播拼多多的核心卖点，刷屏指数非常高，在我的脑海中久久挥之不去。

拼多多，拼多多，我和你，拼多多。来一路一路拼多多，不管有事没事拼多多。

拼多多，拼多多，拼得多，免得多。拼就要就要拼多多，天天随时随地拼多多，拼多多！

8.2　刷屏级广告歌曲的共同之处

如果仔细听过那些广告神曲你就会发现,刷屏级广告歌曲往往有以下共同之处。

8.2.1　编曲简单

记忆的关键是简单。简单的曲调容易被记住,也容易被传唱,所以我们听到的大多数刷屏级广告歌曲,编曲都比较简单。

正如拼多多的广告神曲,选用《好想你》副歌部分的旋律进行简单的歌词改编,让人一听就能唱、一唱就能记住。它将原版的"好想你,好想你,好想你,好想你"直接改编为"拼多多,拼多多,拼得多,免得多",成为朗朗上口的刷屏神曲。

8.2.2　耳熟能详

在听觉感受上,刷屏级广告歌曲力求塑造耳熟能详的效果。它们通常具有儿歌的特点,以大调为主,风格明快。

例如,20世纪90年代,我曾效力的一家公司为中国移动拍摄的企业宣传片《沟通从心开始》,就改编自贝多芬的《欢乐颂》,从而产生了耳熟能详的效果。

8.2.3 记忆度高

记忆度高来自两个因素,一个是熟悉的曲调,另一个是简单的歌词,两者结合打造出的歌曲基本可以满足记忆度高的要求。

8.3 简单三步走,创作广告神曲

歌曲的构成一般分为曲调和歌词两部分,因此歌曲的创作也主要围绕这两方面展开。而且广告歌曲需要提高传播效率,因此企业要花费更少的时间、更低的成本,创作出具有更强的传播效果、更大的传播价值的广告歌曲。

通过上文分析刷屏级广告歌曲的共同之处,我们知道了广告歌曲要想刷屏就要简单,词曲都要简单,这样人们才可能一听就会。接下来,我将分享创作广告神曲的"三步走"方法论。

8.3.1 找曲

我们要找什么样的曲?答案是,找广为流传的儿歌或经典音乐。

自人类诞生以来,每个时代都有各自的儿歌,这是一个时代的人们共同的记忆,很容易唤醒人们的认同感,如《小毛驴》《世上只有妈妈好》这些80后和90后非常熟悉的歌曲。如果企业以这些歌曲作为创作源泉,很容易就能让人们传唱。

同样，经典音乐中的很多曲式也是我们所熟知的，如外国的《欢乐颂》《梦中的婚礼》，中国的戏曲《牡丹亭》、民歌《茉莉花》等。这些音乐具有很高的认知度和接受度，因此企业可以将它们作为广告歌曲的创作曲式，当然也可以改变这些曲式中的几个音节，形成一个不同的曲式。

8.3.2 填词

填词的重点是将一两句核心广告语作为歌词。

浓缩和概括是传递信息的有效方式。很多时候，将复杂的内容进行简化往往是一种形成记忆的好方法。广告歌曲的传播同样如此。

所以，我们在填词的时候一定要简化广告的核心内容，将其浓缩为一两句歌词，贯穿于我们选择的曲调之中。以我为例，假如我要为自己创作相亲广告歌曲，那么我会选择一首人们耳熟能详的歌曲，然后对其重新填词。

例如，通过对人们耳熟能详的《送别》进行改编，我创作了一首《屈太浪相亲曲》。

```
5 35 1̇ - | 6 1̇6 5 - | 5  1̇2  3  2̇1 | 2 - - 0|
屈 太 浪 ， 真 善  良 ， 一米 七五 好  儿 郎，
5 35 1̇·7̇ | 6 1̇ 5 - | 5  2̇3  4·7̇ | 1 - - 0|
找 对 象    找 太 浪， 生活 美满 喜 洋  洋。
```

我以李叔同的《送别》为原型，通过调整关键音节和一些简单的歌词改编，创作出了属于自己的广告歌曲。

8.3.3 重复

刷屏的奥秘是重复。重复是强化训练的核心方法，如每天重复一些健身动作锻炼身体可以练出肌肉。重复传播广告歌曲，人们也会形成记忆。所以，刷屏级广告歌曲的奥秘在于重复，既包括曲调的重复，又包括歌词的重复。通过简单的重复，人们往往会形成更持久的记忆。

正如那句网络流行语"重要的事情说三遍"，道出的便是重复的魔力。

8.4 刷屏的辅助：广告投放效果

我们创作出了广告歌曲的内容，但是如果缺少广告投放，那么这首歌曲只能算"未出阁的小姑娘"，还不能颠倒众生，它还需要广告投放来"助攻"。广告投放要考虑大众的触媒习惯，选择电视、电梯或网络等不同媒介。

很多负责广告投放的人员喜欢将资源分散在不同的渠道中，自媒体来一点，网站渠道来一点，电视渠道再来一点，全面撒网。这样的广告投放策略我不太认同。好的广告投放策略应该集中优势，针对某几个核心渠道，集中绝大部分的资源重点投放。如果只是旁敲侧击，东一榔头西一棒槌，那么广告是不可能获得巨大声量的。

广告投放的效果越好，广告歌曲传播得越快，也越容易刷屏。

8.5　总结：洗脑，洗脑，还是洗脑

广告歌曲的终极目标是洗脑。只有达到刷屏级效果的广告歌曲，才是好的广告歌曲。刷屏级广告歌曲的核心是占领消费者心智，通过广告信息促使消费者做出消费决策，实际上就是利用音乐的力量"潜入"消费者的大脑，产生强烈的影响。

刷屏级广告歌曲需要简单易懂、容易上口，这样才能让消费者一听就会、一会就唱、一唱就买。其实，刷屏级广告歌曲的创作只需要"三步走"：一是找熟知的曲，二是填简单的词，三是不断重复。通过这样的创作方法论，我们就可以创作出具有传播力的广告歌曲。

第 9 章

海报文案怎么写

你对切·格瓦拉的头像有印象吗？你知道印有"I WANT YOU"字样的美国征兵海报吗？你见过老上海的月份牌吗？你家里有收藏 20 世纪 60 年代的年画吗？

这些定格了曾经的时代象征的画面被称作"海报"。得益于印刷术的广泛使用，具备可复制特点的海报成为政治宣传、电影戏剧宣传的主要媒介。伴随着商业经济的开放，海报与商品宣传相结合，成为一种全新的商品推广营销方式。后来，随着媒介的发展，出现了电视机，单一视觉化的海报衍生为视听效果兼备的广告视频。直到今天，移动互联网带来了触点多、即时性强的信息大爆炸，海报随处可见、随时可见，逐渐成为我们生活中的一部分。

在网络世界中，每一个手机屏幕都是海报的载体，我们每天可以看见无数张海报出现在各种网络场景中；同时，在现实场景中，海报也频频出现在我们的眼前，从电梯到闸机、从公交到地铁、从橱窗到户外，令人目不暇接。

可以说，海报在商业生态中的作用尤为重大。但是，对于受众来说，在这么多的海报之中，却难以看到真正打动人心的作品，更难以在受众中广泛传播。

或许，从始至终，我们都没有想清楚海报的作用，以及它出现在不同场景中时发挥的不同效果。如果你想写出具有传播性的海报文案，那么至少需要思考三个关键点：场景、受众、信息。

场景这一关键点要求你先弄清楚海报在哪里"出街"、它要发挥的核心作用是什么。只有明确了海报出现的环境及其核心作用，你才能弄清楚这张海报要完成的营销目标是什么，然后根据它树立明确的写作目标。

受众是观看海报的人。谁是你的受众？你的海报如何与受众沟通？文案创作者必须明确知晓这几点，才可能写出真正引起共鸣的文案内容。

最后是信息，每一张海报至少应传递一个核心信息。由于场景及受众的不同，信息的表达也不同，如在卫生间场景中就不适合发布餐饮海报。这个极端的例子说明海报信息一定要与场景、受众真正融为一体，才能发挥作用。

9.1 先弄清楚海报在哪里"出街"

在医院里不适合推销化妆品，在酒吧街上不适合宣传培训课，在寺庙中也不能向和尚卖梳子。这些例子昭示了一个基本的广告常识：产品要符合自身所处的场景。

海报同样如此。海报在不同的地方出现，用途不同，对应的内容也不同。这要求文案创作者一定要弄清楚海报在哪里"出街"，并针对其"出街"的场景明确海报的对应类别及核心作用。

例如，同一款产品，主打电梯广告和主打橱窗广告完全是两种不同的概念。前者在密闭空间中，我们可以采用一些别出心裁的创意技巧（如社区停水、停电的信息形式），引起社区居民的注意并深入了解；后者在街道场景中，橱窗外是流动的人群，我们只需要设计一些提醒式或促销式海报即可达成广告诉求。

不同的场景，我们要采用不同类型的广告形式。海报也要根据场景设计内容，在不同的场景中发布不同类型的海报。小马宋曾经分享过一个他为电影院撰写的屋顶招牌文案，"逛街逛累了，不如来看场电影"。他考虑到了电影院处于二楼的位置，街道上人来人往，处于电影院顶部位置的广告的直接吸引对象应该就是逛街的人，因此他撰写的文案针对的正是处于这个场景中的受众群体。

这就是场景的重要性。我们在撰写海报文案的时候，一定要先弄清楚它在哪里"出街"、它要发挥的效果是什么。

例如，机场的广告牌几乎看不清内容信息，开车的人即使看到也是一闪而过，因此这个场景比较适合提醒式海报，只需露出企业名或品牌口号，让路过的人在看完以后有一个印象即可。华与华在上海机场的广告牌就是如此，它上面只有华杉与华楠两兄弟在一起的照片，旁边露出华与华的商标，底部也只有一句"超级符号就是超级创意"。

如果是在服装店这一场景中，消费者到店内已经是冲着产品而来的，那么促销式海报几乎不需要任何多余元素，只标明折扣和价格即可。很多海报充斥着无用的文案，却不关心消费者最需要的信息点，浪费了很多版面。

如果你创作的海报要出现在电商场景中，它就要尽可能地体现出差异化特点。因为在同质化现象十分严重的电商场景中，只有新颖的文案、设计和具有利益点的价值塑造，才能轻而易举地让产品脱颖而出。例如，李靖曾经为某款 U 型枕撰写的文案是"仅次于床上的睡眠体验"，让产品更具新意，形成了自己的辨识度。

海报出现在不同的场景中，其运用的语言和表达方式会截然不同。我们要先弄清楚海报在哪里"出街"，是朋友圈还是公交站，是电子屏还是印刷品？不同的位置代表不同的场景，文案创作者需要采用不同的处理方式。这是创作海报文案的第一思考要义。

9.2 用文案筛选目标受众

除了场景，我们还要思考海报文案的受众。因为海报的版面有限、场景确定，所以我们不能浪费信息，应该认真思考"我的文案给谁看"，不要贪多，文案只给你的重点沟通对象看，其他人请靠边站。

世界上没有一款万能的产品，可以解决所有问题或满足所有需求。产品或服务自诞生起就只能满足某类群体的 1 ~ 2 个需求点，每多一个功能点，产品的意义便会消减一分。对于海报文案来讲，要想实现商业沟通的目标、推广产品或服务，我们需要针对重点沟通对象，写给他们看，让他们产生强烈的心理暗示。

具体的实现方法是为目标受众画像。以往的营销方案在为目标受众画像时，大多比较空泛，几乎是同样的句式。例如，针对80后和90后喜欢新鲜事物、乐于挑战自己、处于人生和事业的进阶阶段、具有较强的品牌意识等特点，这些方案刻画了一大堆通用的受众画像，然后得出一个不痛不痒的结论，让自己的方案逻辑自圆其说。

这样的受众画像起不到任何作用。比较可行的做法是：受众画像不要描述一群人的特征，而是将其描绘成一个具体的人。他可以是你身边的某一个朋友，然后你具体思考这些问题：他是谁？他住在哪里？他每天上下班是开车还是坐地铁？他每顿饭的花销是多少？他有没有喝咖啡的习惯？如果有这个习惯，那么他喜欢喝星巴克还是瑞幸咖啡？这样的受众画像，如同作家塑造某一个具体的小说人物一样，活灵活现。我们为受众画像也要具体到细节，对应生活中的某个人。之后，我们再思考他对于这个产品或服务最看重的是什么，并以此找到突破口。

如果这个人具有自己的消费主见，不乱花钱，那么我们可以通过向其展示产品或服务物超所值的事实来打动对方，如文案："人民币一块钱在今天还能买点什么？或者，也可以到老罗英语培训听八次课"。

文案创作者需要找到关键人群的购买动机，再与他们进行针对性的沟通，形成具有穿透力的文案。打动某一个人比打动一群人更容易,所以刻画受众画像最好的方式就是描绘"真实性格"。

只有当我们的文案不是泛泛而谈,而是针对某一个具体人物的痛点时,才会真正产生共鸣和威力。有时候,受众对某些文案看不懂或不喜欢,或许恰好证实了这些文案的有效性,因为它们帮你筛选了目标受众,起到了它应有的作用。例如,我经常举的例子"年纪越大,越没有人会原谅你的穷",这句文案真的很"扎心",以至于曾引发舆论争议,甚至有人卸载了该金融软件。但是反过来思考,正是这样的"扎心"文案才让受众产生了理财需求,真正地刺激受众产生消费行动。

好的文案是针对目标受众的利器,也是筛选非目标受众的工具。创作海报文案的第二思考要义,是针对目标受众打造文案内容。有时候,弄清楚对什么人说话,比说什么话更重要。

9.3 海报文案的细节打磨

创作海报文案,其实并不简单。有些文案创作者找到了受众的痛点,却写不好文案,关键在于他的文案没有细节,无法动人。

因此,好文案需要不断打磨细节,这也是创作海报文案的第三思考要义。只有细节最动人,像摄影一样,懂摄影的人能找到画面的细节和最佳构图,截取最精彩的部分;而不懂摄影的人,只知道求全、求大,拍摄出来的画面却往往欠缺美感。

一个好的文案创作者应该成为一位匠人,因为只有不断打磨细节,才能创作出令人惊艳的作品。

9.3.1 核心卖点，一个就够了

卖点不要贪多，一个就够了。明确信息是创作海报文案的第一步，尤其是核心信息、突出信息，不能错乱。

如果你还不知道这张海报文案的核心卖点是什么，那么我建议你先不要动笔，应该回到最初，先找到自己想要表达的核心卖点，再思考以什么样的方式创作文案。

核心卖点是你能为别人带来什么，而不是自己有什么。很多人在创作文案的时候往往不是没有卖点，而是卖点太多，什么都想表达，却什么都词不达意。其实，这涉及一个视角的问题。为什么我们在许多卖点中找不出核心卖点？深层原因是我们没有站在受众的角度进行思考。如果站在某一个受众的角度，你就能很清晰地列出什么是重要的、什么是不太重要的、什么是完全不重要的。

例如，一款汽车有很多卖点，动力、颜值、操作、空间、品牌、耐用性等，我们如何创作这类产品的海报文案呢？如果将这个问题放到现实生活之中、放到某一个特定的受众身上，你就能找到他最关注的是什么：是动力还是耐用性？是价格还是服务？以此为依据确定一个核心卖点的文案，会比写出所有卖点的文案具有更大的穿透力。

这就是沃尔沃能够成为安全驾驶的代表的原因，它的策略是将一个核心卖点打透，真正建立起受众心智上的"护城河"，从而成为看重安全要素的受众的首选。

突出一个核心卖点比突出所有卖点更难，因为这需要市场战略决策。如果做不到这一点，那么品牌最好不要出海报、打广告，

因为那样只会白白浪费资源。一个没有记忆点的品牌或善变的品牌，是不会拥有忠实粉丝的。

弄清楚核心卖点并将其作为统筹海报文案全局的纲领，能让你的文案具有整体感及销售力。

核心卖点，真的一个就够了。

9.3.2 真切场景，再细一点

找到了核心卖点，我们再寻找生活中的真切场景。这些场景一定要足够真实，如不能在月球上谈论"家居"，因为至今还没有人在那里生活。换言之，只有真实的场景才能让你的文案具备说服力。

例如："贵人来，金茅台"就是一种真实的场景，它交代了受众在什么场景中使用这款产品；"累了困了，喝东鹏特饮"同样如此，明确的场景指向明确的消费动机；网易云音乐的文案为何能找到受众的情绪共鸣点？因为它的文案能紧扣场景，细致地再现某种状态；全联的文案几乎从未脱离真实的场景，也为我们提供了专业的参考，"我是当了宅在家的爸爸后，才学会当爸爸的"指向"宅"在家中的场景，"来全联花个几块，肌肉就能多好几块"指向健身场景。

让每一句文案都能找到最细节的真切场景，是所有文案创作者的必修功课。

海报文案写到最后拼的是什么？拼的就是细节感。刚开始，我们可能只会写出"大海真大啊"这样的文案；后来升级为"大海的声音,在我的胸膛中回响",加入了个人的感受,丰富了细节;继续升级,我们还可以增添场景的细节,"在每一滴海水里,都曾有过我的理想",这样的描述既丰富了微小的事物,又为文案带来了更具张力的空间感。

这就是创作海报文案的不同境界。你可以记住以下三句文案,体会这三种境界。

① 把 1000 首歌装进口袋里。
② 第二句:人头马一开,好事自然来。
③ 第三句:我害怕阅读的人。

从描写具体场景,到附着特定的情感,再到洞察人性找到切入点,从景到情,再到冲突,三种情境代表三种境界,也代表了文案创作者的进阶之路。

9.3.3 "感官突围",突出重围

海报的另一个核心是"感官",通过设计排版突显感官的张力,让人一见如故、一见倾心。

作为一个文案创作者,我认为海报设计排版的重要因素优先级是醒目、美观、艺术。海报是商业信息的载体而非艺术品,因此它应该首先具备商业功能,醒目地展现广告信息。其次才是美观,没错,海报可以不把美观放在第一位,但是信息一定要醒目。对于设计师来说,美观其实很容易做到,无须赘言。我之所以将艺术放到最后,是因为我发现很多海报夸大了艺术的作用和意义,

常常纠结画面感的配色和细节,甚至不惜以牺牲文字为代价,为了凑一个排比句而删除文案中的关键字。这种行为经常发生在我们的身边,不禁让人疑惑:海报的商业性什么时候沦为了某个设计师对审美的偏执的附庸?

因此,我想从营销角度谈谈对于海报设计的看法。

首先,在海报中唯一具备确定意义的要素就是文案,文案是必须要重点突出的核心要素。一张出色的海报作品,要么舍弃文案,要么加粗文案,让文案成为关键的信息点,成为能让受众第一眼就关注到的内容。

其次,海报设计需要排版清晰、放大字体,但这不意味着字体混乱或占据全部的版面。在满足受众舒适阅读需求的前提下,我们一定要塑造清晰的逻辑链。这不但是设计师的工作,而且是文案创作者的责任。文案创作者有义务将内容按照重要程度的不同分为不同层次,打造主次清晰、赏心悦目的阅读体验感。

最后,也是我认为最重要的海报设计原则是:要与竞品广告产生强烈的冲突和反差。广告是"注意力经济",获取注意力是第一法则。从这个角度来思考,海报设计也要独树一帜,与竞品广告产生强烈的冲突和反差,才可能成为话题的中心。

"感官突围"是从同质化现象严重的设计风格中找到突破口,突出重围,树立自己的风格,提高自己的辨识度,成为别人永远模仿不了的品牌。

例如,无印良品这一品牌就是典型代表之一。自诞生之日起,它便主打"无品牌"的理念,同时倡导自然、简约、质朴的生活方式,深得受众喜爱。在设计风格方面,无印良品也遵从品牌初衷，简约到极致，与其他商品极力推销自己的设计风格相反，具有很高的辨识度，进而成为强势品牌。

这就是"感官突围"的逆向思维设计。我们在设计海报时也要考虑其出现的场景，打造与众不同的视觉体验。先让人们注意到你的海报，再努力输出信息，激活受众的行动力，最终实现营销目标。

9.3.4 行动力促进销售力

著名的"AIDA"营销模型，将营销过程分为"注意""兴趣""欲望""行动"四个阶段，这一模型在文案创作中同样适用。无论是哪种类型的海报，最终都是通过改变受众心智从而激活消费行动的。

很多文案写得很好，但是最终难以提升行动力，无法激活消费行动，也就失去了销售功能。在广告界流传甚广的"学钢琴的孩子不会变坏"，通过一句文案促使受众对学习钢琴产生了强烈的好奇，进而推动更多家长花钱让孩子学习钢琴。

海报文案的最大魔力就是用一句话作为"钩子"，钩住受众的欲望，让其产生消费行动。创作海报文案需要激发受众改变现状的渴望，如"每个时代都在悄悄犒赏努力学习的人"促使受众终身学习，"男人就应该对自己狠一点"促使男性用行动改变自己，"经常用脑，多喝六个核桃"促使受众购买产品。好的海报文案，最终一定是指向提升行动力、号召生活方式、提倡人生价值、改变日常习惯、增添特别惊喜的，这些是海报文案需要实现的目标。

文案创作者可以验证一下：自己的文案是否提供了一种改变现状的方式？是否带来了一种情绪的宣泄？是否倡导了一种与众不同的突破？如果你的文案可以改变受众的思想，它就很有可能成为经典流传之作。

9.4　总结：看一眼，就爱上

海报文案位于一个固定的版面之内，却可以发挥包容万千的商业效果。它的核心秘诀是文案带来的无限遐想空间，通过一句话或一幅画面释放无限的能量，让人看一眼，就爱上，就传播，就行动。

海报文案的核心目的是吸引力，没有吸引力就没有后来的一切效果。我们在创作海报文案时，要先寻找核心信息，将其确定为传播的主推关键点；在此基础上寻找更多场景，用受众关心的话题体现这一关键点；然后设计出信息明确的海报内容；最后还要验证这张海报是否能改变某种行为、促成某种行动。沿着这一套清晰的逻辑进行思考，先确定关键点，再延伸文案面，最终建立自查机制，我们就能走完这个完整的海报文案创作流程闭环。

一瓶酒有很多卖点，我们可以找到其核心卖点——兄弟在一起的情谊，以此确定一个关键点"硬核情谊"，即兄弟在一起时的铁汉柔情。将其延伸至文案面，我们可以寻找相应的场景，如离别、侃大山、欢迎新人、一个人喝闷酒等，创作出类似"将所有一言难尽一饮而尽""铁哥们是这样炼成的"等文案，延续硬核风格，打造硬核画面，创造出具有硬汉风格的工业海报，最终发布在合适的场景中，转化为销售力。其实，这就是红星二锅头"是一瓶酒，更是一种烙印"系列海报文案的逻辑，那一套极具辨识风格的海报，也已经成为经典之作。

海报文案应该符合"第一眼法则"，从第一眼看到起就让受众记住并传播文案内容，是我们要实现的终极目标。文案创作者应从日常创作的每一步开始，创作、改进、再创作、再改进，直到写出令自己满意的海报文案，这才是真正的胜利。

第 10 章

微信文案怎么写

不知道你是否和我一样,经常遇到类似的奇怪现象:老板或甲方公司想优化微信推文的数据和转化效果,迫使运营人员到很多微信群里发红包请大家帮忙转发文章或活动,有人为此发动七大姑八大姨,甚至做出"情感绑架"的行为,声称"不转发不是好朋友",为了公司的 KPI,扰得全家人不得安宁。

真的需要这么累吗?在如今这个信息冗繁的时代中,我们被信息流吞没,每一秒不知有多少 App 信息、网络信息、广播信息等充斥我们的认知世界。昨天刚刚发生的事件,今天就成了过时的旧闻,信息快速更替、认知不断更新,我们已经很难看完每一篇文章。

如果你的微信文案缺少转发基因,那么即使付钱给别人可能很多人也不愿意看,因为那是一种"煎熬"。

10.1 转发基因塑造"成瘾机制"

我们要如何摆脱"微信文案没人看"的窘境，创作出自带转发基因和分享属性的文案，并形成一个具有"成瘾机制"的内容平台呢？

要想形成这样的"成瘾机制"，我们需要构建以下三个比较稳固的支撑点。

① 强效内容。"削尖"核心信息。
② 快速传播。疯传的五种方法。
③ 重复节奏。持续性生产内容。

10.2 强效内容："削尖"核心信息

正如一件衣服不可能适合所有人，一篇文案也不太可能适合所有人阅读。每一篇文案应该针对某一种特定人群，"阳春白雪"和"下里巴人"，受众不同，触动其内心的诱因自然不同。

选择特定人群，针对他们的心理及特点形成强效内容，是我们创作微信文案的开端，也有很多文案创作者称其为"平台定位"。

在如今这个信息大爆炸的时代，每个人都是信息的接受者和传播者，同一个信息经过不同的"反刍过程"，会产生更多的信息，充斥我们的认知世界。这使我们在吸收有用的信息之前，已经浪费了很多精力应对无效信息。

因此，形成强效内容的基础是剔除无用的信息和内容，"削尖"核心信息，只生产"干货"，明确自己的平台要向什么人传递什么核心信息，这是强效内容的基石。

举一个反面的例子，我当初在创建微信公众号时经常改变内容定位：这一段时间针对文艺青年推送诗歌作品；那一段时间定位为"1000个真人真事"，采访真人的真实故事；后来又变为一个侧重散文分享的平台；直到开始创作关于文案、品牌、营销方面的内容，才逐渐稳定下来。在这个过程中可以很直观地看到粉丝的增减情况，最初关注我的人基本上都已经取消了关注，后来因为诗歌、散文而关注我的人同样离我而去。

可见，微信文案获得巨大传播量的前提是定位明确。我们要针对某一部分特定人群"削尖"内容、信息，让核心信息成为强效内容的基石，才能让微信文案形成独特辨识并被受众传播。

我们"削尖"的核心信息指的就是独特辨识，会在受众心智之中形成记忆联想。当受众需要此类信息时，它们就会成为首选，刺激受众的选择行为。

当你的微信文案没有多少人在看的时候，你需要从根本上思考，明确自己的核心信息，然后"一百年不许变"，这样才能形成强效内容。

10.3 快速传播：疯传的五种方法

无论是对哪一种微信文案的转发和分享，背后都潜藏着受众的某种动机。通过对受众动机和《疯传》这本书的深度思考，我总结了以下五种可以实现快速传播的方法。

10.3.1 以情动人

以情动人，指的是利用强烈的情绪扩大感染力。

人类是感性动物，无时无刻不被包裹在各种情绪之中。喜、怒、哀、乐、怨、嗔、痴，每一种情绪都可以注入微信文案并得到流传。

还记得陈安妮那篇很火的漫画文章《对不起，我只过1%的生活》吗？它完全击中了人们心中的温柔，暗含亲情、同情、面对失败的不服输精神等，各种不同的情绪互相交织，让这篇文章迅速成为热文，我也读得热泪盈眶，果断转发到朋友圈中。

咪蒙也精于此道，她往往能找到牵引人的情绪点，并用她极具鼓动性的文笔放大这一情绪点，让受众被情绪裹挟，自发自觉地传播内容。

人们这一生，恐怕难以逃脱情感的掌控。如果你想写一篇传播范围极广的文章，那么不妨利用情绪表达，如同情心、愤怒感、娱乐感等，通过情绪的加持让受众产生共鸣，进而转发和分享。

以情动人，就在文案创作者的拿捏之间。

大家可以参考以下标题。

《年轻人就要多吃苦？呵呵》
《中国，一点也不能少》
《逃离北上广》

10.3.2 圈层文化

圈层文化，激发目标受众的集体荣誉感。

在进入社会以后，人们往往会被划入某一种圈层之中，而每一种圈层文化自有其特性，不在这个圈层之中的人往往很难了解。所以，身处某一种特定圈层的人会自觉转发代表其行业属性的话题文章，以此彰显自己的身份感。

不同职业、不同角色的人，会转发代表其行业属性的话题文章，如程序员会转发程序开发、维护工作有多么辛苦的文章，广告人会转发广告行业的《2021新广告法禁用词》，"北漂"会转发《北漂十年，我好像从来没来过一样》，甚至老板也会在朋友圈中分享《一个好员工的13个特征》等。

人们往往会因为自己的身份形成这个身份所需要的思维方式、思考习惯等，而很多自带明确身份标签的话题文章恰好可以彰显目标受众特有的身份感，激发其集体荣誉感。因此，自带圈层文化属性的话题文章对于该圈层之中的人来讲，自然带有某种转发基因和分享属性。

例如，我之前为广告人写的诗集《广告人诗集：在凌晨三点的夜色里找你》得到了很多广告人的喜爱和分享，引得他们纷纷进行传播。可见，圈层文化标明了某种特性，抓住这种特性也就拥有了快速传播的能量，这是这类微信文案与生俱来的基因。

大家可以参考以下标题。

《为什么一定要给孩子找个程序员爸爸？》

《广告人诗集：在凌晨三点的夜色里找你》

《月薪15万元的阿里技术高手告诉你：一个架构师的必备素质》

10.3.3 社交货币

社交货币是什么？它指的是可供谈论的谈资。

货币是用来流通的，社交货币是用来谈论的。如何让自己的文案成为一种社交货币、成为其他人的谈资呢？正如人与人之间的聊天一样，我们在分享一个信息、谈论一个观点时，会希望得到更多的好评、更积极的印象。微信文案同样如此，看起来有格调、能彰显学识性和有趣性的文案更容易成为谈资。

创造社交货币，就是给受众提供可以谈论的谈资。我们一般可以通过某个鲜明的观点延伸出一系列文案内容，以此形成共识。

一般情况下，比较容易成为谈资的微信文案有以下几种类型。

① **热点**。第一种是跟随社会或娱乐热点。当发生某个社会性

事件时,有时会出现正反两种截然不同的观点,不同站队的微信文案其实就是不同的观点、不同的谈资,成为受众与别人交流、谈论的社交货币。

② 反差。正常的事情,由于没有传播属性,一般很难形成传播。而反预期的、搞笑创新的观点,会给人一种精彩的、另辟蹊径的创意角度,进而成为一种谈资。例如,《如何将方便面吃出法餐的感觉》就提供了一个新奇的创意角度,产生了意想不到的效果。

除此以外,我们去了哪里、遇见了什么奇怪的事情、怎样巧妙解决了某个问题等,也可以拿来创造可讨论的谈资。

大家可以参考以下标题。

《五种鉴别渣男的方式,建议收藏!》
《无论多忙,都要从这 5 个方面,拯救你的健康》
《后来的我们,都胖了》

10.3.4 授人以渔

授人以渔指的是提供实用价值及干货。

"人们喜欢传递实用的信息,即一些其他人能用得上的信息。"提供具有实用价值的内容及干货,一般可以收获比较忠实的粉丝。例如,我在几年前关注的一个教程类公众号"庞门正道"就属于这种类型,该公众号会每天分享几个关于修图、设计、摄影的教程文章，持续了四五年，没有花一分钱进行推广，最终粉丝突破了 100 万名，成为非常成功的公众号之一。

提供实用的信息及内容，往往会收获更垂直、更精准的粉丝。如果是摄影类公众号，一般关注它的粉丝就是摄影爱好者；如果是广告资讯类公众号，一般吸引的也是广告行业或有商业知识需求的粉丝。

各类教程、攻略地图、提升职场素养的技巧，以及传授如何选择化妆品等，都属于技能分享。自媒体时代，李靖通过分享自己的营销心得一夜成名，完成了角色的大转换，靠的也是提供一些具有价值的信息。

大家可以参考以下标题。

《干货：霸气中国风书法字教程》
《关于摄影，这里有几个网站推荐给你》
《5 分钟彻底解决"微信文章没人看"的窘境》

10.3.5 文化母体

利用共同的文化母体，也可以为微信文案增添分享的诱因。

与其寻找引人注目的话题，不如考虑话题流传的情境。这种方法需要我们思考集体文化中的共同信仰，从而找到让微信文案得以流传的内在诱因。

各类风俗习惯、各种节假日热点话题，以及特殊的传播情境，都可以作为内容传播的诱因。举一个特别朴素的例子，在我的老家，每年的庙会、集市都很热闹，这是一个大家深有同感的文化母体。有一年，不知道是谁上街拍摄了很多庙会的场景，发布了一篇题为《走！去法门寺跟会去》的文章，得到了很多当地人的转发，我朋友圈中的老家人也在转发，从中还能看到很多熟悉的人。

发掘文化中的集体记忆，可以帮助我们找到共同的传播诱因，从而引起受众的共鸣，让微信文案流传开来。

再如，之前在网络上有一篇爆款文案《被嫌弃的90后的一生》，串联90后一代经历的一些特殊历史事件，表达90后的生存现状，通过诙谐幽默的文笔让受众产生共鸣，继而得以流传。

大家可以参考以下标题。

《被嫌弃的90后的一生》
《那些叫"国庆"的人现在都怎么样了？》
《十二生肖背后的秘密》

10.4 重复节奏：持续性生产内容

做好了内容的基本定位，掌握了传播的核心机制，接下来就是最重要的环节：持续性生产内容。

大多数人明白基本的道理，理论知识也十分丰富，说起"营销""品牌"同样侃侃而谈、头头是道，但是很少有人能真正贯彻执行自己的理论，因为这需要一项看似简单、实则非常困难的工作——重复。

当你的内容定位准确了、传播机制也研究明白了，最后一步就是正式创作文案。

一两篇精彩的文案最多流行半个月，它们没有持久的生命力。所以我们需要不断创作，这个不断创作的过程就是重复。重复一种类型的文体可以形成自己的风格，重复发布内容的时间机制可以培养受众的阅读习惯，重复的设计元素也可以形成并提高自我辨识度。

"成瘾"的事物，往往是经过长时间的重复堆砌而成的。因此通过不断地重复，我们也可以塑造微信文案的独特属性，真正获得在受众心目中不可取代的地位，摆脱"微信文案没人看"的窘境。

第11章

视频文案怎么写

视频的诞生，使信息的传递更加高效、直观。视频可以立体地结合文案、画面、声效、特技等多维功能，向受众呈现更有效的信息、更具传播性的内容，从而使广告的流传更加快速、高效。因此，视频一直是广告行业最具价值性的内容载体之一，从业务收费上讲，也是相对较贵的一种创意形式。

可是，随着智能手机的普及，手机的成像能力得到了大幅提升，个体可以更简单地进行视频的拍摄和制作。普通人的参与成本降低，行业壁垒也随之被打破，常来的是更加快速、多元的视频内容，于是短视频平台应运而生。

无论是过去的广告片时代还是现在的短视频时代，视频在广告宣传领域一直占据着举足轻重的地位，视频文案创作者也一直在广告行业的生态链中扮演着重要的角色。

广告公司的初级文案创作者一般要先学会创作海报文案、新媒体文案等类型的文案，再逐渐升级至视频文案，视频文案常常是资深文案创作者或文案指导的工作任务，从中足以看出视频文案的重要性。

可以说，没写过视频文案的文案创作者，根本不算进入了广告行业。那么，视频文案怎么写？我们要先从它的角色入手，再逐一解码视频文案的分类及相应文案的作用构成，并建立视频文案的价值观，才能打通创作视频文案的脉络。

11.1 视频文案的角色

从广告公司的角度来讲，视频文案已经处于越来越重要的地位。

电视广告时代，广告公司的核心工作是拍摄TVC，产品上市的推广营销，也几乎都是凭借电视广告一次性完成的。当时，在人们脑海中的是田七、脑白金、盖中盖等家喻户晓的广告案例，它们几乎都是以电视广告片的形式进入受众视野的。

后来，互联网时代到来了。四大门户网站（新浪、网易、搜狐、腾讯）以资讯、博客的形式进入受众视野，土豆、优酷等成为垂直视频平台，网络上开始出现一些创意、搞笑的拍客内容，如代表作《一个馒头引发的血案》及随之而来的大量恶搞视频。商业世界中也出现过类似形式的"病毒视频"，借助热点事件或网络新闻为广告做宣传。

如今，智能手机带来了移动互联网时代。媒介、受众、传播、认知方式都发生了巨大的改变，短视频成为目前比较流行的传播形式，各种短视频平台催生了很多短视频达人，他们本身就是一个传播渠道，加上各自独特的风格、内容，让这一传播形式变得更加多元化、网络化且有针对性。

短视频已经开始成为一种新兴力量，广告文案必须拥抱这种变化，跟随行业革新的趋势。对于广告公司来讲，视频文案需要驾驭更多的题材和形式、适应长短不一的内容诉求，才能成为获得更多受众青睐的作品。

因此，行业的多变和新生在无形中为视频文案带来了一种挑战：掌握更多样化的文风。无论是TVC、宣传片，还是创意片、短视频等不同形式，文案创作者都必须驾轻就熟，成为行家。

11.2　视频文案的逐一解码

有这样一个基本的认知：在如今的时代中，多样化成为日常，视频文案也需要驾驭多样化的风格，才可以达到合格的水平。

视频的种类有很多，就广告行业来讲，主要分为宣传片、产品片、品牌片、动画、音乐MV、"病毒视频"等，如果继续细分下去还有更多种类。总的来看，有几种比较重要的视频种类：第一种是品牌TVC，主要阐述品牌精神及态度，呈现一种令人向往的状态，扩大品牌吸引力、提高品牌知名度；第二种是宣传片，主要指侧重业务、业态详解的视频，向受众完整、清晰地宣传城市、企业、业务、技术等内容；第三种是产品创意片，主要投放于电视、电梯、网络等媒介中，通常需要在较短的时间内快速吸引受众的眼球，传递产品核心卖点；第四种是创意短视频，主要指企业为了更好地让受众接受某些内容而采用一些创意形式（如高科技内容或大"脑洞"剧情等），从而获得更优传播效果的短视频。除了上述内容，还有其他种类的视频，出于篇幅和重要性角度的考虑，本章不再一一介绍。

只有建立起一个完整的视频知识体系，我们才能更好地把握各种视频文案的特色及创作要求。接下来，我将从个人理解的角度，一一解读不同视频文案的创作方式及要点，帮助你创作更具传播效果的视频文案。

我认为，只要是广告，无论形式如何，都必须更高效地浓缩信息并传递信息，从而达到预期的传播效果。

11.2.1 品牌 TVC：把握调性，沟通情感

品牌 TVC 的核心是彰显品牌调性，而不是探索完全新颖的感知。品牌的关键是记忆的关联，一个品牌只有给受众带来一种具备独特性的认知才能成立。如同一个人，首先要具备某种让大家形成共识的性格，才能建立起人设。品牌同样如此，需要将自己的核心标签重复强化，让受众认同品牌的特色，才能具有辨识度，才能产生价值。

我们曾经在公司中做过一个试验：盲猜品牌。将不同品类的平面海报、广告文案、广告宣传片等内容去掉品牌标识，让大家盲猜它们是哪些品牌。通过试验，我们可以清晰地认识到某些品

牌的广告调性存在让人辨识不清的问题，而某些品牌的广告能与自己的调性息息相关。

例如，苹果广告从排版到内容，几乎让人一眼就能认出来。在设计领域，苹果似乎形成了一种"苹果风"，设计师在沟通时也会提到"这款设计向苹果风那边靠"，"苹果"成为简约、舒适、品质的代名词。

另一个一猜就中的品牌是耐克。耐克的广告通常透露着一股运动风的拼劲，通过各种氛围的营造，几乎很容易就能让人分辨出这是耐克的广告。

然而，大多数品牌的广告是模棱两可的，主打科技的品牌突然变得温馨或感性，可能就会让人无法分辨。

品牌 TVC 的核心是彰显调性，如果调性不对，整体便会产生强烈的割裂感，影响品牌辨识度的建立。

所以，在创作品牌 TVC 文案时，我们一定要考虑品牌的基调。如果品牌的关键词是年轻化，就不能用稳重的国企公文风格；如果品牌的标签是奢侈品，那么也不能流露一惊一乍的轻佻之态。

寻找品牌调性，是我创作品牌 TVC 的第一步：先确定品类，如果品牌属于快消或互联网行业，就可以更活泼一点，运用偏口语和快节奏的文案风格；再明确关键词，品牌是代表"真诚"还是代表"冒险"？品牌给人的印象是"稳重"还是"欢快"？以此建立更加明确的感知；最后根据我们要表达的信息延伸出内容，不同的关键词使用不同类型的词语，逐渐形成具有统一调性的内容。

例如，我曾为某个地产品牌创作过一篇比较年轻化的视频文案，以自带潮流人设的滑板达人为切入点，希望彰显品牌年轻化的形象。但是，客户的反馈是文案的调性完全不对，将其用于某个快消品牌没有问题，但若用于该地产品牌，则感觉与品牌的差距有点大。

那一篇视频文案如下。

谁说，
只有赛车，才可以拉风？
谁说，
人生之路，只能漫步经过？

踏着滑板，迎新而上，
就可以原地出道。

有一种限量款的自由，
来自街头，又走向潮头，
颠覆你看世界的角度，
偏爱可能会被摔疼的酷炫。

只要你敢，
每一个地方都可以漂移。
因为恣意就是我们的姿态，
哪怕在角落也可以是舞台。

这就是我想要的生活，

也是××全新生活主张：

×××××，

做最真实的自己。

根据客户的反馈及自己的反思，我知道了"与客户的品牌调性差距太大"是这篇文案的问题所在，后来我进行了一些修改，强化"城市""时代""潮头"这些词语，才得到了客户的满意。

对于品牌TVC，核心问题就是调性的匹配，只有使用符合品牌调性的关键词，营造一种与品牌紧密相关的氛围，才能让受众产生情感上的共鸣和融合。

11.2.2 宣传片：说好话，好好说话

宣传片也分为不同的类别，有的类别侧重品牌宣传，有的类别侧重企业宣传，有的类别侧重业务宣传。我所说的宣传片主要指企业宣传片和业务宣传片。我看过很多让人摸不着头脑的宣传片，刻意使用生僻词，强调一种装腔作势的奇怪调性，结构松散，让人抓不住重点，整体看下来完全是一头雾水。

如果宣传片表意不明，如何起到宣传的作用？如果宣传片夸大事实，又如何令人信服？对于文案创作者来说，首要任务就是让人明白文案究竟在讲什么。

要想做到这一点，结构完整是前提。宣传片的结构主要采用"总—分—总"结构：开头提纲挈领地概括全文，之后分别讲述每一部分的内容，结尾总结升华。大多数宣传片文案的结构都是如此。

文案的开头通常有好几种方式：有陈述式，如"改革开放，让中国走向新的时代"；有提问式，如"一分钟，开放的中国会发生什么？"；有排比式，如"何谓新生……何谓创新……何谓自由……"；有访谈式，如不同的人物代表不同的业务条线，讲述各自的感受。

有了完整的结构，我们还要延续结构空间填补文案，这就需要"说好话，好好说话"。一句话如何变得更简洁、如何听起来更舒服、如何让人明确内容？这些都需要文案创作者下功夫。

宣传片文案应尽量通俗易懂，尤其是商业宣传片，避免罗列技术参数，而要表明技术带来的具体利益和价值；避免使用生僻字，而要让受众能够一目了然。

在文案创作之中，我们可以运用一些简单的逻辑关系，如"为了××，才有了××""从××开始，人们叫我××""是××带来了××？是××"等，一些简单的逻辑设计会让文案读起来更有意思。

最后，宣传片文案需要我们整体通读几遍。假设自己是一个朗读者，检查哪里的语序比较奇怪、哪里的用词读起来拗口、哪里的逻辑混乱不清，读一遍、再读一遍，力求让文案呈现完美状态。

11.2.3 产品创意片：卖点可不可以更加抓人

商业世界离不开产品。产品创意片的核心是卖点突出，无论卖点是以什么样的方式呈现的，都必须突出！

洗脑广告很适合产品创意片，通过不断重复提高卖点的记忆度，让受众牢牢记住产品的功效，将信息嵌入受众的大脑，成为一种条件反射。

在广告行业中有一些比较著名的公司，如红制作以"BOSS直聘""铂爵旅拍"等洗脑广告的制作著称。文案创作者可以借鉴其经验，突出卖点，形成一种洗脑效果，让受众一听就忘不掉，从而对其产生深刻的影响。

创作这类文案，我们一定要先找到产品的核心卖点，再用文案放大卖点。例如：脑白金主打"送礼"，广告语就与"送礼"牢牢绑定；唱吧K歌宝主打"声音好"，广告语就找到一个与产品有强关联的信息点"头大"，宣传"头大声音好"；盖中盖将补钙与"上楼不费劲"绑定，广告语就是"一口气上五楼"。

这类产品创意片的核心是放大产品卖点，具体写作路径是：先找卖点，再关联某种特定的场景，写出一句"超级话语"，之后不断地重复。

例如，我们要为某个品牌的智能音箱拍摄产品创意片，就可以试试运用上文的逻辑创作文案。

第一步是找核心卖点。对于智能音箱这个品类，我们先思考它的卖点有哪些，如AI、语音对话、播放音乐等，这些是属于这个品类的产品共同的卖点。但我们还要找到这款产品的特点，如音效出色、会"说"多种语言、具有海量版权音乐等，从中找到一个与竞品不一样的差异化卖点，以此突出产品。

假如这款音箱名为兔子音箱，有两个小耳朵，我们就可以将"耳朵"作为差异化卖点，以此关联产品"反应范围大"的利益点，创作出以下独特的视频文案。

兔子音箱耳朵尖。

耳朵尖，反应快。

耳朵尖，切歌快。

耳朵尖，升级快。

兔子音箱，耳朵尖，反应快。

洗脑的关键就是重复，重复三遍，将产品信息灌输给受众。另外，画面场景部分也要彰显独特的产品特性，设计一个画面记忆符号，如葵花药业专门设计了一个葵花的符号，兔子音箱也可以设计一个尖耳朵的符号，通过符号、文案、画面共同创造具有辨识度的产品创意片。

产品创意片一定要放大卖点，将产品关联卖点信息，才能产生价值。

11.2.4 创意短视频：加点"脑洞"，让创意炸裂

在日常工作中，创意短视频也是文案创作者经常接到的创作任务。创意短视频需要通过"病毒性"的创意剧情设计，打造极具"脑洞"的故事，以这种方式激起受众的兴趣，达到全网传播的效果。

创意短视频通常需要编剧能力，通过一条故事线，以搞笑、温情或讨巧的风格，最终展现令人感动的效果。

例如：广告片《啥是佩奇》以温情的故事线引发贺岁传播热潮；百度推出的《你说啥》中，大妈的"魔性"提问让人开怀一笑。

除此以外，网上还有很多品牌拍摄的创意短视频，将卖点与情景融为一体，成为一种高效的表现方式。

创作这种短视频文案，主要依靠素材重组能力。借助对某个电影片段的重新演绎，表现新的剧情走向，最后转至广告内容，如电影《喜剧之王》中的"你养我啊？我养你啊"，这个片段已被无数品牌方进行二次创作，以此传播商业信息。

另外，我们还可以借助"网络梗"创作剧情内容。例如，我曾为某个客户的品牌传播战役＃品质新生＃策划过一系列创意短视频文案，用东北方言"没品，咋新生？"作为创意，打造了一系列内容：第一波内容通过不同场景，设计"没品，咋创业？"和"没品，咋交友？"的故事剧情，引起受众的兴趣；第二波内容借助 KOL 人气，拍摄"没品，咋会火？"和"没品，咋唠嗑？"的短视频，发起社交娱乐互动；最后，推出品牌关键词短片"因为品质，所以新生"，传递品牌更新的价值观，让更多人关注和传播。

创意短视频文案的核心是设计剧情，打造巧妙的环节，让商业信息更具穿透力，从而使更多人被其征服。我们要从根本上思考，设计传播元素，让创意无限炸裂。

11.3　视频文案的价值观

我们做文案，需要建立一套自己的价值观。视频行业鱼龙混杂，左道旁门的"大忽悠"挺多，不懂装懂的"大师"也不少，如果没有一个正确、稳定的价值观作为支撑，那么我们很容易陷入自我迷失的状态。

视频文案应该具备什么样的价值观呢？

一是传播至上。只有创作具有传播价值的内容才值得被鼓励，符合商业规则而不是个人的艺术表现欲，是所有文案创作者必须遵循的基本操守。我见过很多人为了表现自己的艺术天赋，不惜忽略甚至牺牲商业价值，完全走"自由发展"的路线。这种文案创作者是自私的，也是极不负责任的。

二是客户至上。我们应将客户的利益放在首要位置，做出真正打动受众的视频内容，而不是只有自己满意的作品。判断依据是什么呢？不是客户喜欢与否，而是受众在一段时间内是否记得视频内容、是否受其影响，销量是否因为我们的创作得到提升，点击率和分享率是否得到明显改善，这些才是文案创作者需要追求的目标，而不是那些虚荣的奖项。

三是作品至上。何谓"作品"？只有真正取得了营销效果的内容才能称为作品，而不是所有被创作出来的内容都能称为作品。文案创作者的作品不是奖项，甚至也不是文案、设计、视频等，而是市场反馈，是远超投入的产出效果。

基于以上基本的价值认知，我们在创作视频文案时便拥有了一个较为精准的方向，接下来我们要做的就是沿着这一方向不断前进，直至修炼出真正的视频文案写作功力。

第12章

公关稿怎么写

企业新品上市,你突然接到领导的任务:"写一篇公关稿,要那种能大火的哦!"

当时的你一脸懵,产品还没见过、用过,发布会也没去过,公关稿怎么写?怀着忐忑的心情,你上网找到一篇觉得还不错的文章,心里有些窃喜,觉得这一篇好像可以抄一下,自己真是太有"才华"啦!

于是,经过几小时的七拼八凑,你终于写成一篇类似《××产品全新上市,带来行业巨大变革》的文章,交给了领导。领导看了非常满意,还帮你修改了标题《惊喜! ××产品全新上市,带来行业巨大变革》。你对领导的批改心悦诚服,领导看着你也流露出一种"栽培有方"的喜悦,你们对视了一眼,分明是心领神会、惺惺相惜、相见恨晚的感觉,霎时间让其他同事艳羡不已。

这就是一些文案创作者写作公关稿的日常。

看标题也知道,这样的文章不可能有效传播,也不可能为品牌带来形象和价值的提升。这种公关稿还活在过去，它们还停留在纸媒时代的信息垄断"迷梦"当中，完全不适用于今天"高度开放""话题无边界""人人都是载体"的社会。

自从2013年移动互联网时代开启以来，我们常常被手机牵着鼻子走，社会形态和生活方式发生了颠覆性的巨变，公共关系无疑也被裹挟其中。

因此，要想写出漂亮的公关稿，我们需要真正理解当下公关行业中公关稿的传播动机，根据媒介、受众、内容等多个维度的变迁输出公关稿，从而真正影响消费认知，推动受众消费。

12.1 媒介的新变化

众所周知，公关稿是通过第三方媒体的角度向外界传播企业声音的一种传播方式，它介于新闻与广告之间，更加独立、客观，也更容易获得受众的信赖。

公关的最终目的与广告殊途同归，即建立认知，从而塑造品牌；两者的核心区别在于说话方不同，公关是"别人来夸我"，广告是"我来夸我自己"，前者更加中立，所以更容易获得信赖。

以往，公关行业塑造品牌方形象比较常用的方式是"开会（如发布会、试驾会、公益等）—邀请媒体参与（由媒介部同事进行邀约）—发稿传播（修改后将通稿发布给媒体）"，当然还涉及很多内容、环节、话术的设置，有的也需要对公关事件的策划，不过一般逻辑大同小异。

公关稿是其中重要的沟通桥梁，它站在品牌方的角度向受众传播官方资料，如同企业发言人一样，是公关活动的核心内容。

移动互联网时代将个体放大，相应地也消解了权威媒体的影响力，并带来了以下几个方面的新变化。

12.1.1 媒体权威性被消解

随着信息获取渠道和触媒窗口的增多，以往"权威媒体等于权威"的情况逐渐式微，媒体权威性正在被新媒体消解。网络平民化带来了一场媒体权威的革命，过去媒体独具的专业性和独特性逐渐被打破，某个 KOL 的公众号拥有的粉丝阅读量和影响力甚至可以超过一个传统报社，可见媒体权威性正在逐渐失效。

12.1.2 资讯类客户端崛起

资讯类客户端成为受众获取信息的新窗口，不同的人群获取信息的窗口不同，产生了认知不断分化的现象。你在电视前看新闻，我在今日头条看资讯，他在新浪微博刷消息。每个人的观看渠道不同，感兴趣的内容也不同，越来越无法通过垄断某一媒介实现对传播的控制。

12.1.3 信息大爆炸

信息大爆炸致使一条信息在人们的脑海中只能停留几秒，之后便被各种信息流淹没。因此，企业需要花费更多的精力、财力进行信息"轰炸"，否则难以让受众形成认知。

12.1.4 娱乐至上的时代气息

娱乐至上的时代气息，使明星八卦类信息更容易得到传播和传播者。社会关注的焦点多是明星的家长里短，明星占据公共资源而不自知，甚至以此作为吸睛和敛财的工具，为娱乐化的时代增添了些许荒诞的伏笔。

12.1.5 搜索权决定曝光量

搜索权在受众手中。受众搜索什么，就会获取什么，资讯类平台也会精准地推送什么，以至于公关新闻类资讯很难进入普通受众的心智之中。

媒介的新变化，让公关稿的传播变得更加困难。公关或广告的终极问题是品牌传播，即如何在受众心智中创建一个强有力的认知。这要求公关稿的写作必须充分考虑以下因素的影响。

① 公关稿必须传递新信息。"求新"是公关稿写作的关键，因为媒体更喜欢报道新鲜事物。

② 更聚焦的媒介投放。现在有太多的媒介平台，这要求我们要有一双慧眼，选出最合适的媒介组合投放形式，进而制定强有

力的信息传播方案，获取更好的产出效果。

③"标题时代"，公关稿要想从众多新闻当中脱颖而出，需要与众不同的标题。而且公关稿要与其他公关稿竞争受众的时间，因此我们还需要产出不同的标题以应对不同的平台，令公关稿得到更多的展现。

12.2 受众的新变化

回到十年前，当时的人们获取信息的途径有哪些？爷爷奶奶通过报纸、广播获取信息，爸爸妈妈通过电视、车载广播获取信息，还有一些人通过互联网获取信息。那时候的互联网基本上由早期的三大门户网站（新浪、网易、搜狐）和几个论坛把持，各平台采用的还是PGC（专业生产内容）的产出方式，内容需要进行专业审核，所以平台具有主动权，受众在很多情况下只能被动接受，而不是信息的参与者和加工者。

如今，一切发生了巨大的改变。在移动互联网的环境下，受众成为一个个生动的个体，有自己的阅读习惯、发声渠道，而且每个个体都可以生产属于自己的内容，不断彰显存在感和自我价值认知。可以说，每个个体既是信息的制造者，又是信息的享受者。

受众已经不仅仅满足于倾听，他们开始走入信息中心，在片段内容中加入自我经验，扩大某个话题或某个故事的影响力，成为关键意见领袖。同时受众也开始分化，形成千差万别的各种形态。

12.2.1 圈层文化的封闭链

属于不同圈层文化之中的人很难理解彼此。不同的信息塑造了不同的认知，产生了不同的兴趣，同时也形成了不同的圈层。受众因为兴趣不同形成信息壁垒，从而诞生了"你不懂我"的圈层文化。一个圈层很难理解另一个圈层，这让存在于不同圈层之中的受众越来越分化。

12.2.2 一切都在手机端

如今，除了某些有知识、有文化的老人家，已经很少有人订报纸了。大多数人获取信息的主渠道转向手机端，尤其是当我在农村的奶奶也开始使用智能手机的时候，人们对于手机的依赖程度可见一斑。很多人的吃喝玩乐都是通过手机完成的，手机端成为公关行业的"主战场"。

12.2.3 信任圈涟漪效应

离"我"越近才是越可信的信任圈。世界打开了，人心却封闭了。我们所处的社会环境形成的信任圈呈现出一种"我—亲人—朋友圈—我喜欢的KOL—媒体报道—广告—其他信息"的优先级状态，离"我"越近、跟"我"关系越好的人、事、物，越容易得到"我"的信任，也与"我"更加亲近。

12.2.4 追求短平快

信息还可以再短一点。信息太多,时间太少,加之短视频的兴起,让受众要求阅读类的文章越短越好,否则很少有人能真正读下去。

"不听大道理"逐渐成为受众接收信息的偏好,他们选择性地认同最亲近的人的意见,而且对于篇幅的需求压缩得越来越小。因此,公关稿写作也应该进行如下针对性的调整。

① 同一核心信息,根据不同的投放渠道进行不同的标题、内容包装,令其满足不同圈层文化的趣味属性。

② 公关稿应将手机端作为吸引受众注意力的"主战场",通过权威媒体树立旗帜,并将新媒体资讯大号和 KOL 作为主要发声窗口,组合媒介形式,使公关稿的覆盖范围更广。

③ 新闻内容必须更抓眼球。公关稿应将核心信息嵌入新闻内,让受众在读过之后留下一个主要印象:这条新闻挺有意思,××品牌原来是这样的。

只有成为受众群体中的一员,了解受众的喜好,文案创作者才能真正创作出让受众感兴趣的文章,才能让品牌通过公关稿的形式给受众留下印象。

12.3 内容的新变化

媒介变了,受众变了,公关稿的内容也需要"重新激活"。以下三种方式可以为公关稿寻找传播杠杆,提升内容价值。

12.3.1 反差制造新奇感

学过新闻传播学类专业的人可能听说过一句话："狗咬人不是新闻，人咬狗才是新闻"，意思是人们对于超出预期的事物往往印象更深刻，而且更有分享欲。因此，好的公关稿需要制造品牌信息的"新奇点"，将其作为传播杠杆，撬动受众的认知，产生深度影响。

如何制造"新奇点"呢？我们可以列出品牌的关键信息列表，思考哪一个关键信息可能与受众的基本认知存在反差，然后将该关键信息重点突出，形成具有传播点的内容。

例如，《京东"6·18"请来明星送货，高圆圆、柳岩等当快递员》这则新闻，其标题自带传播属性，这也是前几年比较流行的营销手段，其中的反差就是"明星"光鲜亮丽的身份与"快递员"默默无闻的平凡之间的冲突，以此制造新奇感，自带传播点。

这种营销手段通常适用于新产品、新品牌的话题热点炒作，其公关稿内容必须强烈突出反差，在文章中嵌入一些关键的品牌信息，并在多个媒介平台中发布，从而吸引更多的受众阅读并潜移默化地接受品牌信息。

还有很多类似的例子，如某些创意面膜在功能趋同的情况下便在包装和形态方面下功夫，设计新的变化，成为新内容的制造者，从而提升自身的话题度。

12.3.2 制造知识优越感

攀比心理是人类的天性，我们很难摆脱。人们往往希望通过其他人的肯定及崇拜获得满足感，无论是提出某个观点、分享某个话题，还是带来某种思考，都可以展现、突出自己的优越感。

很多有深度的公关稿通常属于此类内容，如 36 氪、虎嗅等平台产出的公共观点类内容，主要面向行业类专业用户及深度阅读受众，此类文章通过拆解某种行业背后的故事或洞见等方式，在解读品牌商业模式的同时制造知识优越感，既分享了观点或方法论，又传播了品牌核心信息。

例如，当某品牌突然走红后，网络上便会出现很多对其商业模式的解读，其中一部分往往是品牌方邀请撰稿人创作的，目的就是推动品牌形象的升级。这种通过制造知识落差宣传品牌的方式，利用第三方视角进行客观的展现，显得专业且没有广告嫌疑，更容易得到传播，如《一文读懂小米商业模式》《小米"铁人三项"商业模式背后的真相》《苹果暴跌损失可能达到约 28 亿美元，背后的商业逻辑你知道吗？》等。

12.3.3 绑定高频热点话题

在某些情况下，品牌主要的产品或服务属于低频消费品，或自身确实没有特别新奇的点，这时候就需要绑定高频热点话题，通过这种联系创造新内容并作为传播点。

例如，方太吸油烟机曾做过一个广告，将"吸油烟机"这种不会被经常讨论的耐用消费品,与高频的"护肤""眼睛保健""呼吸系统疾病"等热点话题进行绑定,产出了"买高端护肤品保养皮肤,但敌不过低质量吸油烟机的摧残"的广告,通过绑定高频热点话题,将品牌植入其中,产生一种新的关联,让方太的公关形象定位更加贴近"家庭生活守护者"。

如果需要宣传一款新车,那么你也可以将主要信息绑定"婚恋"等与受众生活相关的话题,如"大空间讨丈母娘欢心""居家好男人必备车型"等,让公关稿内容紧贴受众关心的话题,借助高频热点话题吸引更多人关注。

除了内容规划,在投放媒介上,我们也要根据不同渠道改变传播话术,如知乎平台通常以提问的形式撰写文章,UC浏览器青睐"震惊体",媒体客户端偏向新闻标题等。同样的内容可以根据不同平台更换不同的标题,进而达到具有高效传播力的效果。

12.4　总结:只有疯传,才有价值

媒体环境、触媒习惯的改变,促使公关稿的写作需要运用营销思维通篇考虑,进而形成具有穿透力的文章内容,推动受众的认知更新。

核心信息要嵌入文章内容,通过文章内容的有效传播,品牌核心信息才能触达受众,产生一定的影响。

媒体喜欢更新的内容,所以内容需要制造认知反差,这样才能促使媒体主动扩散,从而增强传播力度;深度知识可以制造优越感,促使受众向更多人分享话题;绑定高频热点话题,通过受众关心的话题激活公关稿内容的新鲜感,进而向受众传递品牌信息。

总之,只有疯传,才有价值。

第 13 章

野生文案怎么写

有一种很难被注意到的文案类型：野生文案。它存在于民间的各种场景中，如楼道、电线杆、田间地头、公共厕所墙体等"难登大雅之堂"的地方，以其简单直接、直诉利益点的方式出现在我们的生活之中。它们大多出自个体户之手，内容涵盖搬家、修马桶、开锁换锁、打印复印等多种类别，为普通大众所喜闻乐见。一名中央美院的学生曾专门做过一项野生文案的毕业设计：他通过对城中村的田野调查，发现了很多野生文案的形式，并将它们结集出版为一本书，记录这个时代底层的广告文案的基础样式。

在广袤的农村地区中存在着大量的野生文案，其中颇具代表性的当属刷墙文案。

13.1 野生文案，诞生于刷墙文案

当我乘坐北京—西安的高铁途经河南地区时，经常发现在高铁两旁的农村墙体上有很多广告。其中，一条有关叶茂中的广告令我感到突兀又惊喜，该广告写的是"品牌营销找叶茂中"。一方面我感到突兀，"广告狂人"的广告怎么会刷在老乡的墙体上？另一方面我又感到惊喜，心想叶茂中也太厉害了，坐飞机在杂志上有他，吃锅盔在包装袋上有他，坐在回家的列车上也能"看见"他，他的广告渗透力也太强了吧！

回家一查我才发现，原来有一家经营墙体广告业务的上市传媒公司叫作地平线传媒，叶茂中也是股东之一。

我们这些常常服务于高端客户品牌的 4A 广告人，往往会忽略底层社会那股生猛的力量。拼多多的成功已经提醒了我们：中国不仅有北上广深，还有拥有巨大商业潜能的农村地区，那里也存在着巨大的商业需求。

野生文案，就属于诞生在这一空间之中"闷声发大财"的一类文案。农村的墙体就是闲置的广告位资源，只要能有效地对这一资源加以整合利用，就可以形成强大的势能，甚至带来商业上的惊喜和革新。

而且以刷墙文案为代表的野生文案，具有一种天然的竞争优势：当线上渠道过剩的时候，选择太多反而造成了很多投放浪费现象，因为线上虚拟世界的作伪行为可能导致传播假象；但是线下渠道拥有物理空间的排他性，在传播层面上恰恰显得更加有效，因为在同一时间内，当你路过那块广告位时，你只能看到那块广

告位上的文案而不是其他文案。

这就是野生文案的发展逻辑。与传统广告、互联网广告相比，野生文案具有天生的"野性"优势，也为我们的文案工作提供了另一个角度的参考。

13.2 野生文案的特质

野生文案具有一种两者兼得的优势：一是村里人看得懂，传播快速又精准；二是城里人也会传播，在新奇的场景中诞生的文案可以引发更强烈的互动效果。

一方面，从场景上来看，野生文案主要针对农村市场，贯穿于基层老百姓的日常生活之中。以刷墙文案为例，农民的墙闲着也是闲着，租给广告公司做广告，既能挣点儿钱，又能成为一种社交谈资，何乐而不为呢？

另一方面，野生文案其实是中国城市化发展历程中的一种特殊现象，它诞生于时代更替之际，具有特殊的使命，因而从宣传标语中延伸出了商业功能。

野生文案具有以下十分显著的辨识特质。

① 它往往根植于农村场景。野生文案多出现在田间地头的固定广告位中，可展现给农民、路过的车辆和回家探亲的城里人等。

② 它具有低廉的成本。一面野生文案广告墙的费用可能就在 100 ~ 200 元之间，且一般可以长期使用，在广告投放的媒介市场中，这种费用几乎接近于零。

③ 它出现在人流量基数大的环境之中。根据国家统计局 2021 年的人口统计数据，农村常住人口达 5.09 亿人，这是一个代表着强大流量的数字。同时，这些农村人口与城市人口有着千丝万缕的联系，可以说野生文案的市场比目前可量化的规模更大。

④ 它借助手机端可以引发更大的社交话题。野生文案貌似针对农村地区，可是这种文案往往很容易在线上发酵，也就是线下的广告资料还可以在线上二次传播，引发话题讨论。

以上这些都是野生文案的优势，因此包括很多巨头在内的互联网公司都曾投放过类似的野生文案，火遍全网的辩论综艺节目《奇葩说》也曾通过以下刷墙文案做过一波宣传。

奇葩说里看奇葩，全村老少笑哈哈。
奇葩说里看奇葩，你娃看啥你看啥。
奇葩说里学说话，学会全村国际化。

广告投放的核心目的无非是展现及转化：野生文案在线下投放，配合线上话题露出，可以满足展现量的需求；同时在文案中描述一些村民可以简单实现的广告目标，即可实现大量转化。

同理，拼多多、趣头条、中国移动等品牌也经常使用此类场景，以野生文案的方式扩展农村地区的流量，如以下文案。

看趣头条，开心又赚钱。
支付宝钱包，7 亿人都在用。
移动 5G 全覆盖，手机上网快十倍。

诸如"下个拼多多""趣头条上赚钱""手机充话费送高压锅"等刷墙文案，简单易懂、朗朗上口，特别适合农村受众，因而转化率较高。

13.3　野生文案的受众洞察

作为农村受众喜闻乐见的广告形式之一，野生文案常常出现在街头巷尾的农家墙体上。由于媒介属性的特殊，野生文案针对的核心受众也比较集中，以县、镇、乡、村为辐射中心，真正走到老百姓中去。

中国共有 34 个省级行政区、300 余个地级行政区，其中包括发达与不发达城市、"网红"与"非网红"城市，以及 2000 余个县级行政区、4 万余个乡级行政区和超过 60 万个村。如此庞大的基层规模涵盖了 5 亿多名农村常住人口，他们都可以是野生文案的受众。换句话说，农村市场仍然大有可为，因而渠道下沉是很多品牌获客的重要方法。

如果深入基层老百姓的生活中，你就会发现这类人群往往具有以下特征。

1. 对于经济实惠的持续渴求

当一个县城的平均工资水平还在 2000～4000 元的时候，即使耐克和阿迪达斯的产品再好，也很难走入寻常百姓家。反之，价格稍低但品牌声量大的产品更受青睐，如家电市场中的美的、格力、海信等品牌就是"经济实惠"的代表。

收入水平决定了基层老百姓的消费观念，希望"花小钱办大事"的思维仍然普遍存在。

2. 对于通俗易懂的内容接受度更高

出现在老百姓生活中的广告文案必须通俗易懂，结合朴素的价值观和生活观，更符合农村生活实际，才更容易引起共鸣，进而成为一种老百姓喜闻乐见的文化形式，如同谚语、歇后语、民歌、小调等一样，来自民间且具有很强的生命力，它们的共同点是通俗易懂、浅白直接、易于传播和分享。

3. 意见领袖的影响更易引发从众效应

在我国广袤的农村地区、上亿人的农村群体之中，意见领袖的影响力不容忽视。借助七大姑八大姨的威力，一个微不足道的游戏也可能疯传。在民间朴素的关系交流中，"分享"是培养感情的有效手段，具体效果可参考风靡各地的广场舞。一个性格开朗的农村大妈具有强大的"种草"能力，甚至可能迅速带动一场消费热潮。

因为媒介投放渠道的效果与触媒人群的特征息息相关，而野生文案的核心受众是朴素的广大农民，因此在传播内容方面，我们需要根据这类人群的特征，创作符合其生活情境的内容，最终形成传播话题并提高品牌声量。

13.4　野生文案创作三板斧

我曾经在一家 4A 广告公司工作，当时的主要服务对象是中国移动。有一段时间，我经常接到创作刷墙文案的工作，那也是我在实践工作中真正认识野生文案的过程。创作野生文案的基本点其实比较简单直接，我将其总结为"野生文案创作三板斧"。

13.4.1 直诉利益点

创作野生文案，首先要思考品牌能为受众带来什么。野生文案的核心魅力在于它的短平快，直截了当的叙事风格，一目了然的利益关联，让受众能够快速、直观地了解产品利益点和产品带来的好处。

例如：一款电脑软件产品直接表明"电脑提速又健康"，可以让受众直观、清晰地了解产品利益点；一款食品直接推出品牌名，再表达其利益点"怎么吃都好吃"，也可以快速塑造一种直观印象。

野生文案一般是提醒式文案，无论出现在哪种场景中，几乎都是告诉目标受众选择××产品可以达到××效果，简单易懂即可。

一般情况下，通过"品牌名+利益点"的方式，我们便可以提炼出一句野生文案。野生文案可以针对场景需求，如"正宗好礼，送×××"，主打送礼场景；也可以针对某种效果的提升，如"电脑变快""省电/省钱"等。总之，直诉利益点是野生文案的核心创作逻辑。

13.4.2 鼓动性词语

野生文案还有一个显著特点，就是利用鼓动性词语强调消费行动的即时性，通过"快""去""买""就用"等词语刺激受众行动的欲望。

在文案"放心大品牌，首选苏泊尔"中，"首选"两字就起到了促使行动的作用，暗含品牌价值的排他性。

文案"肥料用财鑫，土地生黄金"通过"用"字促使受众行动，让"用肥料生黄金"这一利益诉求附着在品牌名"财鑫"之中，刺激受众产生购买欲望。

类似上述的野生文案，往往以促使行动的句子作为创作的底层逻辑。为什么呢？因为促使行动的句子具有极强的鼓动效果，可以强化尽快行动的即时性。

13.4.3 干脆利落的句式

一般情况下，野生文案的字数往往在 15 个字之内，用一个干脆利落的句式直接突出一个核心卖点。这类句式通常类似于民间的对联或诗词，分为上下两句，既有品牌名又有利益点，前后呼应呈现完整的话语内容，如以下文案。

出水自动断电，安全看得见。
荣耀手机待机长，出门在外不用慌。
幸福农家 168，致富信息一路发。
金山银山，信用社是靠山。

显而易见，这些文案几乎都是主推一个核心卖点，使用干脆利落的句式，上下两句呼应且尾字押韵或叠字，让广告变得简单易记、便于流传。

创作野生文案，除了以上所说的三个基本点，我们还需要为其增添趣味性。因为趣味性是话题性的前提，增添趣味性，可以为野生文案赋予话题性，激发受众分享的欲望。

我曾看过一则野生文案"下地干活听凤凰传奇，浑身是劲"，通过描绘具体的生活场景，带有一股朴素的憨劲，既有趣又有效，自带传播性。趣味性话题一般可以围绕农村场景展开，如村花、干农活等话题，加入一些冲突感和反差感，最终提升广告的传播效率。

当投放了一句野生文案之后，利用其本身幽默性的亮点，我们还可以打造一些 UGC 话题互动活动，发挥网友们编"段子"的潜能，让野生文案再次得到传播。

13.5 总结：野生文案的传播需要野生土壤

什么地种什么花，什么土壤产什么粮食。野生文案的传播同样需要野生土壤，农村地区人口基数大、受众范围广，正是野生文案赖以传播的天然土壤。

野生文案的受众大多数是农民，这一群体更喜欢通俗易懂的广告，并且具有自传播的能力。所以，创作野生文案需要结合农村场景，涉及生活话题，简单直接、直抒胸臆，向受众提供直观、明显的利益点。

通俗、易懂、简单、有趣是野生文案的共性，这类文案不仅可以在线下投放，还可以在线上进行话题互动、二次传播。

如果你问我：一个"高级"的文案创作者学习创作野生文案干什么？很可能没机会用到它啊。那么我要告诉你，千万不要忽略广大的农村市场，因为生活在这里的是更多的真实受众。野生文案，或许是直接与这些真实受众进行沟通最有效的方式之一。

第 14 章

电商文案怎么写

随着电子商务的发展，传统的购物习惯和模式已被大大改变。网络购物不再是新鲜事，淘宝、拼多多、美团买菜、滴滴打车等应用已经占领了大部分的生活服务类市场，电商流量的红利期已成为过去式。

很多人认为电商平台的生意越来越不好做，所以对于电商文案的重要性基本上已呈现漠视态度。电商文案真的重要吗？这可能是很多人的疑问。

曾经有一个网络段子是"每天都在用六位数的密码，保护着两位数的存款"，透露出对生活状态的自嘲和无奈。当我目睹很多人投放电商广告时，心里也有一句同样的感慨：花几万块钱的推广费，连十位数的客流都吸引不到。

为什么会这样呢？如果花钱做了推广却效果不佳，那么可能是因为文案的吸引力不够。电商经济在某种程度上是"眼球经济",消费者在商品页面停留的时间越长,下单的可能性就越大。因此电商文案的任务就是提高商品页面的浏览率,展现商品最具魅力的部分,与消费者的需求相互匹配,最终推动商品销量的提升。

可以说电商文案在电子商务中扮演着十分重要的角色,因为它是显而易见的、可以证实的,也是效果显著的。

写好电商文案的意义是真正地帮助商家卖货。虽然广告公司培养了大量的文案创作者,每天也会产出大量的电商文案,但是真正能帮助商家卖货的文案并不多。我们要时刻反思:如果一个电商文案不能有助于商品的销售,那么它存在的意义究竟是什么?

14.1 电商文案,就是要卖货

一些做生意的人将真金白银捧在手上,找到一家广告公司,满怀期待地支付广告费用,想用这笔钱收获超出投入的回报,让自己的生意更上一层楼。

其实,找广告公司花小钱办大事的想法没有什么问题。可是,如今的广告行业中出现了一种消极的看法,认为花钱也不一定能提升销量,商家花钱可以积累品牌资产,但不一定指向销量。我认为这种看法并不正确,如果广告公司解决不了商品推广的问题,无法提升商品的销量,那么广告公司的价值在哪里呢?

电商文案，就是要直指商品的推广和购买，这也是锻炼文案创作者的一个核心题材，让你的文案更具销售力。

必须卖货！必须盈利！这是商业运转的第一关。文案创作者要清醒地认识到这一点，如果写不出卖货的文案，你可能就会被淘汰。

14.2　写好电商文案的秘诀

写好电商文案的秘诀，是标题引人、内容动人、转化惊人。电商文案一般可以分为三个部分，即头图文案、标题文案、卖点文案：头图文案区分"我"与竞品，从万千商品之中脱颖而出；标题文案引人入胜，让消费者可以读下去，产生浓厚的兴趣；卖点文案将商品信息利益化，解决消费者的实际问题。

例如：对于某一款彰显身材曲线的衣服，我们可以创作"穿出小蛮腰"的文案，极具画面感，吸引消费者进入商品页面，深入了解商品详情；"听着佛音长大的苹果"可与同品类的商品区别开来，为苹果增添一份佛法的加持，将卖点升级为信仰。

这些电商文案为我们提供了一种方法，即让文案变得更具画面感、更具吸引力，会更容易成为卖货文案。

以卖货为目的，我整理了几个电商文案的写作要点，即卖点转化为利益点、营造场景感、重组购买理由、竞品搜索思维，帮你解决电商文案缺乏销售力的问题。

14.2.1 卖点转化为利益点

电商平台不缺少商品，它们琳琅满目地呈现在电商网页中，刷几天也刷不完。但是，大多数电商文案往往只顾呈现卖点，而忽略了消费者的接受程度。电商文案写作的第一点是转化视角，不能直说卖点，如卖衣服不能直说"款式多样"，而要与消费者有关，表现"款式多样"与消费者的关系，可能就会获得另一种视角，改为"春夏秋冬不重样"。

这是一种将卖点转化为消费利益点的思考角度。无论商家卖什么，最好不要直接输出卖点，如"苹果大又甜"只是自卖自夸，而"咬起来嘎嘣脆"实现了一种利益点的切换。

很多人可能会疑惑："利益点"到底是什么？我认为利益点就是前所未有的体验或认知，它是一种新鲜的感受。如果文案听起来不够新鲜，那么它描述的利益点可能还不够强烈。

我们可以从网上找一则电商文案，如某款口红的文案是"撩人唇色，势不可挡"，这句文案充满了脂粉味道，与日常生活严重不符，下半句"势不可挡"更是不知所云。如果让我为这款口红创作电商文案，我可能会从肤色、搭配、气质提升或生活场景等角度切入利益点，将卖点转化为一种全新的体验，如"选对口红，气场提升一米八""好口红，是变美的开始""修复熬夜，涂一点口红就行"等，改变思考的角度，将利益点转化为"气场提升""变美诉求""修复熬夜"等不同的价值点，文案才能真正发挥作用。

我们在创作文案的时候，偶尔也会拘泥于修辞的枷锁，觉得没有修辞的文案就没有感觉，偏爱华而不实的内容，反而与真实有效的文案背道而驰，浪费了很多的金钱和时间。其实判断文案的好坏有且只有一个依据，那就是消费者是否接受、是否因此对商品产生兴趣并转化为销量。

卖点转化为利益点，是提升文案销售力的重要方法。

14.2.2 营造场景感

商品从设计初期开始就是为了满足某个消费需求而存在的，且这个消费需求一般处于某个场景之中。很多人创作文案全靠凭空猜想而非场景思维，不能站在消费者的立场直面产品需要解决的问题。

对某个关键场景的联动，可以促使消费者真正感受到商品的利益点，提高在该场景中使用商品的记忆度，从而形成潜移默化的影响，最终实现关键目标，即消费者在关键场景中的重复消费。

例如，在"累了困了，喝东鹏特饮"这句文案中，"累了困了"就是对场景的联动，延续这一场景便能形成文案。我们只要思考哪些场景属于"累了困了"，如加班、跑步、爬山等，就可以联系到商品，从而不断加强场景与消费的关联。

场景文案怎么写？我们只需要记住一句话：什么时候干什么。"什么时候"是场景，"干什么"是解决方案。照此类推，我们可以判断市面上大多数文案是否合格，如"看病人，送初元"指出了一种场景并给出了解决方案，这就是一个合格的场景文案。

我们在创作电商文案时，应以这是什么商品、在哪个场景中发挥作用为关键点，运用文案技巧，让文案联动场景，从而提升销售力。

例如，对于服装销售，我们可以寻找"约会前""颁奖礼""旅行中""拍照时"等场景，选取其中某一种或几种场景，与自己的商品产生关联，创作出场景化的文案，如"约会必穿小短裙""旅行穿，更风光""穿这条阔腿裤，怎么拍照都好看"等，营造场景感，塑造更具销售力的文案。

14.2.3 重组购买理由

无论是卖点利益还是场景营造，针对一款商品，我们可以找到很多购买理由，然后通过对购买理由进行重组与排序，找到最关键的理由并将其转化为电商文案。

例如：对于一件衣服，如果它的购买理由是"抗皱"，那么它针对的是商品属性；如果它的购买理由是"白领衬衣"，那么它针对的是一类消费群体；如果它的购买理由是"不怕挤地铁的衬衣"，那么它针对的是使用场景。

可以发现，购买一款商品的理由有很多，电商文案的写作也五花八门，我们需要重组购买理由，创作更合适的文案。

新品上市和发布适合直接针对商品属性撰写文案。如果是新品，那么消费者可能更关心它的功效和创新性的亮点，如苹果iPod可以"把1000首歌装进口袋里"，将商品属性量化，成为出一句可感知的文案。

如果是消费者熟知的商品，那么我们可以营造场景感，如商家要在电商平台中卖一款健康手环,它的主要功效是计步及检测心率、血氧饱和度等指标。这样的商品在电商平台中有很多,其中不乏一些大品牌推出的类似商品。我们如何为这款全新品牌的智能健康手环写文案呢?

我相信它的功能卖点基本上已经被其他品牌占领完了,这时候我们就应该换一个思考的维度,如从人群入手,找到一种"专业运动"与"非专业健康"之间的区别,将购买理由重组,不谈功能,而是从专业人群出发,主打"专业运动",如"100名国家级运动员推荐""专业运动员健康手环""为马拉松爱好者量身打造"等,从专业人群出发,找到一种新的购买理由,避开功能卖点宣传饱和的竞争赛道。

重组购买理由,转换电商文案的写作切入点,找到最关键的理由,是电商文案的写作重点。

14.2.4 竞品搜索思维

最后,电商文案的写作还需要竞品搜索思维,即橱窗思维。什么是"橱窗思维"?就像在一条商业街上,街道两边有很多商业橱窗,要想从众多橱窗之中脱颖而出,我们一定要找到自己的风格和特色。

电商平台在消费者搜索同一关键词后会出现上万条商品信息,如何在这些信息中脱颖而出是电商文案创作者需要思考的问题。

无论是设计还是文案，都必须形成不一样的区隔，以竞品搜索思维打造文案，创造出非同一般的体验，才是突围的关键。

步履不停就是一个鲜活的例子。凭借火爆文案及原创设计，步履不停成为一个颇具文艺气质的服装品牌，其文案偏爱文艺青年喜欢的散文化风格，形成了属于自己的独特气质，成为一个虽然小众但是号召力很强的品牌。

我们可以发现，从商品名、设计再到文案包装，步履不停建立了一种风格，如文案是"你命里缺山"，阔腿裤的名字是"出走裤"，营造一种旅游必备的情绪化印象，其气质与品质令人惊奇。

步履不停的文案几乎已经脱离了电商文案的写作框架，塑造了一种散文化的情绪风格。例如，"看到这条裤子的瞬间，像有一阵落山风吹过来，让人想即刻开始一场出走"，呈现一种小清新的状态，形成了强烈的差异化特点。

我们的电商文案写作也需要一种竞品搜索思维，让商品得到更多的展现，最终带动更高的销量。

14.3 电商文案，越来越难

电商平台已经走过红利期，加上平台流量算法推荐和广告竞争投放的因素，商品越来越难卖。在电商平台中，没有展现率就没有流量，没有流量也就没有获客，获客难度增加，商品自然滞销。

如何改善这种现状呢？很多人能想到的一个方法就是广告投放。可是电商平台的广告位推荐需要费用、搜索优化需要费用、竞价排名需要费用，各种费用叠加在一起，如果电商文案不够强，商品的投放效果仍然得不到改善，这样就会陷入一种销量上不去的"死胡同"里。

关键问题是流量不够可以购买，但如果文案内容不够出色，那么即便购买了流量也无法实现转化。由此可见电商文案的重要性。

正因为电商越来越难，电商文案也越来越难，才需要文案创作者好好考虑销售力的问题，为商品的展现和销量转化不断赋能。

第15章

销售话术怎么写

文案的本质其实是销售,只不过是文字背后的销售。如果一个文案创作者写不好销售话术,他就做不出一个好文案。

好的销售话术不需要多么出彩的文笔,只需要打动人心,即使它是很质朴的声音、很直白的表述。

在本章中,我将通过还原一场别开生面的"销售教学",告诉你好的销售话术应该怎么写。

15.1 销售话术,发生在销售现场

故事发生在两年前,我去河北省任丘市参加一场朋友的婚礼。在回北京的火车上,一位卖蓝莓的乘务员给火车上的乘客进行了

一场别开生面的"销售话术近距离教学"。我坐在那位"销售教师"的身边，真切而深刻地领悟了很多销售技巧，完全出乎我的意料，既有趣又惊奇。

首先，让我来还原一下当时的场景。

火车行进半程，我闭着眼睛昏昏欲睡。突然出现的一个声音，引起了所有人的好奇。

"大家注意一下，刚才有人问我，昨天那个能让人眼睛突然一亮的蓝莓还有吗？来来来，现在免费送、免费吃！老人吃了延缓衰老，女人吃了更加漂亮，小孩吃了更加聪明，那天有个大哥吃了，打麻将摸牌还多和了一把！"

他一边说着，一边拆开一袋蓝莓，送给车厢里的乘客，从这一头送到那一头。紧接着，他又介绍这款蓝莓的产品信息："来自新疆天山，纯净天然，果肉细腻，香甜可口。咱们这款蓝莓，高锌、高铁、高钾，富含氨基酸和维生素A、维生素C、维生素E等多种营养元素，具有抗癌、保护血管、增强人体免疫力等功效，长期食用，可以起到延缓衰老、保护血管和抗氧化等作用，还能有效消除体内的各种炎症。"

"现在我宣布，30元3袋！"

在他将产品信息及价格介绍完之后，很多人也试吃过了，销售正式开始。他开始向刚才免费吃过蓝莓的乘客逐一推销："大姐，蓝莓好吃吧？来3袋，您和孩子们一人一袋，好吃又不贵，又健康又休闲。"抵挡不住他的热情推销，一位大姐买了3袋。同时，他向车厢里吆喝"这位大姐，一次性买了3袋！"

在卖出几袋蓝莓以后,他马上转换了价格策略:"看大家舟车劳顿,我现在宣布,20 元 2 袋(仔细听,其实单价并没有变,只是产品组合变了)!"

然后,他又开始宣传价值观,说一些鼓舞人心的话,诸如"人生就该潇潇洒洒""活在当下,想吃就吃"等,一些人明显被这些话打动,又经不住他的推销,于是他再次销售成功。

最后,他还来了一波推销,"好了,现在开始,我决定 10 元 1 袋!"他瞄准了坐在我身边刚刚试吃过蓝莓的大姐,对她说:"大姐,来一袋吧!也不贵,人生在世,想吃就吃。"说着,他就把一袋蓝莓推到大姐面前,大姐只好说:"来一袋。"销售成功!

在那个封闭的火车场景中,乘客如同置身于一个"促销会场",几乎完全受制于那个乘务员的引导。幸亏我假装无视,不然也会被他推销几袋蓝莓。一节车厢,他至少卖了 30 多袋蓝莓,虽然不算太多,但是我完全被震撼了。

回想一下他的整个销售过程,其实就是在广告营销中很常见的方式。在那个场景中我突然意识到:好的销售话术,往往就发生在销售现场。

我们知道,销售人员是与消费者面对面"真刀实枪"进行接触的,而很多营销人员是"躲在电脑屏幕背后的销售人员",很少亲历现场,所以常常陷入无效的广告营销之中,因此当时身处那一销售过程中的我收获颇多。

销售人员在整个销售过程中使用的话语,用专业术语来讲就是销售话术。由此,我总结出一套写好销售话术的路径,供大家参考。

15.2 写好销售话术的路径

写好销售话术是一个层层递进的过程,它不是一篇简单的文章,而是用文案语言设计的一套行为体系,通过环环相扣的程序推动,引导消费者产生一系列心理活动,最终导向消费。

因此,写好销售话术,需要我们设计好一个"通道",让目标消费者走入"通道",完成每一个步骤中设置的"小动作",最终潜移默化地走向销售者的场域,实现一次销售转化。这一路径需要严丝合缝、阶梯式地导向消费行为。

15.2.1 获取注意力,让大家朝"我"看

事物的开始,可能来源于一个声音。无论是宇宙诞生时的原子爆炸,还是婴儿出生时的啼哭,"第一声"的刺激往往带来重大的改变。

对于销售来讲,让别人首先注意到"我"是问题的关键,只有让别人注意到自己,才可能进行后续的推销。

卖蓝莓的销售人员第一句话说的是"大家注意一下",通过这句话,让大家停下自己正在做的事情,将注意力转向他。通常情况下,我们可以用某个奇怪的声音、某句惊人的话、某种另类的表演即刻抓住人们的眼球,让大家朝"我"看。

因此,销售话术的第一句话应该引人注意。正如过去走街串巷的艺人在表演之前要敲锣打鼓、相声演员在说相声之前要说开

场白一样,其实都是同一个道理:首先让大家围过来,获取人们的注意力,然后才开始表演。

15.2.2 引起好奇心,让大家听"我"说

在注意力被吸引以后,人们就有了心理预期,因此接下来的关键是打破固有的心理预期,引起人们的好奇心。

卖蓝莓的销售人员如果一上来就说,"大家好,我来卖蓝莓",就是固有预期,这样的开场会让之前获取的注意力重新散去,很难形成持续性的影响。

回到上文的案例,乘务员有意提了一句"那个能让人眼睛突然一亮的蓝莓",既表明了产品的定位,又引起了人们的好奇心,让人们不禁思索:头一次听说蓝莓"能让人眼睛突然一亮",我倒要看看这个蓝莓是怎么让人眼睛突然一亮的。

有了这些铺垫以后,销售人员开始介绍自己的蓝莓富含多种营养元素、拥有多种功效和价值,一下子将卖点全部推销给所有人。这时候,车上的乘客开始嘻嘻哈哈地讨论:这个乘务员真会说话啊!蓝莓还有这么多的作用?

这样,在销售人员演说式的推销下,很多人记住了这场别开生面的"销售教学",并在这一推销过程中不自觉地购买产品。之前已经免费试吃过的人更觉得自己应该支持一下,于是也顺从销售人员的引导,纷纷购买。

15.2.3 植入价值观,让大家懂"我"心

在销售过程中,仅仅突出产品卖点可能依然无法打动很多人。这时候,我们需要植入一些"消费价值观",让人们此时此刻的消费变得顺理成章,符合产品对他们的人设定位。

人们往往会为自己认同的价值观买单。人类是感性动物,很容易受到价值观的影响,从而购买让自己的人设更加"屹立不倒"的产品。

很多人花大价钱购买字画、别墅、奢侈品,无非是想强调自己"富豪""精英""不在乎钱""品质第一"的人设,用消费强化自己的价值观,从而实现生活价值的逻辑自洽。

这就是植入价值观的魅力。当卖蓝莓的销售人员说出"人生就该潇潇洒洒""活在当下,想吃就吃"的时候,不就是在传递一种享受当下的价值观吗?很多犹豫要不要购买的人就是被这些话打动的,"是啊,人不就该活在当下吗?想吃就吃,反正东西卖得也不贵",之后心安理得地进行消费。

所以在完成产品介绍之后,我们需要利用价值观继续刺激消费,如用"三日不购物,便觉灵魂可憎"刺激人们购买衣物,用"每个时代都在悄悄犒赏努力学习的人"刺激人们报培训课程等。通过价值观的引导,销售话术为人们的购买行为提供了心理依据,打消了人们的购买顾虑。

15.2.4 刺激性行动,让大家跟"我"做

安全感是人类与生俱来的需求。很多情况下,人们之所以不消费,从表面上看似乎是因为吝啬、小气、不愿意花钱;从心理层面上看,这其实是对于打破现状的恐惧。人们选择不做出改变,往往是由于安于现状,因此不愿意花费更多的金钱和时间做出改变。实际上,这是在维持内心的安全感,或者说是"维持内心秩序"。

将这种心态放在营销层面中进行考虑,我们就要在更大程度上满足人们对于安全感的需求。为什么还是有很多人不买火车上的蓝莓?不是他们不喜欢吃,一个很大的原因是害怕被骗,怕蓝莓不好吃还浪费钱。

所以,卖蓝莓的销售人员使用了一个很巧妙的瞄准价格的策略:他一开始叫卖的是"30元3袋",最后说"10元1袋",听起来似乎变"便宜"了,告诉人们抓住机会赶紧买;其实产品单价并没有改变,只是产品组合改变了,原来3袋捆绑在一起,现在可以单独购买,这让人们在购买产品时感觉更加合理。

同时销售人员还不停地展示自己的销售成果,"这位大哥买了2袋""那位大姐买了3袋",通过这种方式让更多人产生信赖感,"原来我不是唯一购买蓝莓的人",这样可以让人们更加安心,而且还能激起其他人不甘落后的攀比心理,激活更多潜在消费群体。

总之,我们可以采用降价、背书和"信任状"等方式促使人们产生购买行为。

15.2.5 运用小技巧,让大家沾"我"利

在销售环节的设计中,我们可以运用一些小技巧,这样有助于让更多人与产品产生深度联系。

在上文的例子中,"免费试吃"等机制的设置,在一开始就已经与潜在消费群体的购买欲望相连接,他们在不知不觉中已经被带入销售环节。果然,通过销售人员一系列的销售话术,很多免费试吃的人购买了产品,这就是一些小技巧、小机制的妙用。

在这里,我要向大家推荐克劳德·霍普金斯的著作《科学的广告》,这位发明了优惠券、联名营销、直复营销、小规模试验的广告大师,他的很多经验技巧值得我们学习。

以上就是我在火车上近距离感受的一位优秀销售人员的销售话术,他给了我很多启发,尤其是现场体验的真实感受,令我记忆深刻。这恐怕就是销售的"魔力"吧!

15.3 为销售人员制造"杀伤性武器"

一个好文案,需要为销售人员制造"杀伤性武器"。一份好的销售话术,不仅是销售人员与消费者面对面交流沟通的参考模板,还蕴含着一套完整的营销逻辑,即"获取注意力—引起好奇心—植入价值观—刺激性行动—运用小技巧",最终达成销售。

销售话术的写作必须与消费者真诚沟通，想其所想，同时设置关键要素的刺激，形成一套完善的体系，进而影响消费行为。

置身于真正的销售现场可以完整、直观地感受消费过程，有助于文案创作者产出更有效的推广文案和更具销售力的话术内容。

| 第三篇 |

做个好文案，你要有哪些心法

做个好文案，关键在于"好"。什么是"好"？如何才能做到"好"？这些仅靠技巧是无法达成的。文案背后的关键是"人"的塑造，成为一个可以产出好内容的好文案人，才是我们应该努力追求的目标。

靠什么实现这一点呢？靠心法。不同的文案人拥有不同的创作心法，心理学称之为"创作动机"。不同的创作心法产出不同的内容，也在某种层面上决定了文案的好坏。

如果你想做个好文案，那么不妨从以下三个层面入手，训练最基本的能力，逐渐成为一个优秀的文案人。

▶ 好好说话培养语感。
▶ 好好练习打造技巧。
▶ 好好积累塑造能量。

第 16 章

好文案，好好说话

追本溯源，广告其实是一种说服的艺术。通过广告，使消费者改变某种价值观念、对某个品牌产生好感、购买某款产品或为某项服务买单等，这些都是说服的过程。消费者从无感到买单，需要经历很多决策瞬间，最终被说服，往往是因为在某个环节中被真正影响了，才产生了购买行为。

这就是说服的力量。在互联网兴起之前，产品的销售主要靠推销人员，他们掌握了沟通的技巧和人性的奥秘，凭借出色的口才和情商为品牌推销一件件产品，完成了商业链条中从 A 点到 B 点的价值转移。

随着某些公开刊物的出现，说服的艺术转而在报刊、广播之中发挥作用，因为通过一个公开刊物可以快速进行大规模地宣传和推广，传播效率更高，让一款产品真正实现"一夜成名"。

后来，电视出现了，广告的形式更加立体，从听觉延伸到视觉，不过当时的主动权依然掌握在公共媒体手中，它们垄断了核心资源，成为信息集散中心，享有向大众推荐更优信息的权利并以此获得广告费用。美国麦迪逊大道的崛起，正是依靠电视、报纸、广播等媒体说服大众，从而成为全球广告行业中心地带的。

时至今日，互联网带来了信息大爆炸，权威被消解，每一个散点都成为信息发源地，消费者被各种信息包围，说服的过程变得越来越艰难，因为不仅信息是碎片化的，消费者也是流动的。广告内容与技术革新相结合，诞生了很多互动性广告、互联网广告，不断刷新人们的认知阈值，越来越让人们对各种信息见怪不怪，不为所动。

广告越来越难，文案更是如此。文案是通过语言说服消费者的手段，遵循"编码—转译—解码"的逻辑过程，向消费者传递信息；消费者在接收信息之后产生相应的反射行为，最终实现文案预期的消费转化。

这个逻辑表述起来很简单，实现的过程却很困难，需要各个环节的共同驱动。文案创作是每一个环节都需要的"硬通货"，因为文案要替品牌发声、代销售人员说话、对消费者表达。

16.1　文案就是说话

文案没什么难的，就是说话而已。

在上小学的时候，教室里通常会挂一些名人名言，如雷锋、王进喜、牛顿、富兰克林、托尔斯泰等，他们的经典语录指引着学生努力学习的方向。那时候我总在想：他们所说的话怎么就成了名人名言，还要让我们学习、传颂呢？

从事广告行业之后，我发现那些名人名言本身就可以作为文案，而好文案的基础就是说话。广告文案要与消费者沟通，所以必须使用浅白通俗的语言、流畅通顺的语序，以求与更多消费者达成共识。在这种情况下，口语是最好的选择。

回想我们耳熟能详的广告文案，如"人头马一开，好事自然来""今年过节不收礼，收礼只收脑白金""步步高点读机，哪里不会点哪里""经常用脑，多喝六个核桃"等，它们几乎都是口语，没有过多的修饰。

文案就是说话。想一想，如果在路上遇到一条蛇，你的第一反应是什么？是惊呼一声"妈呀"，还是感叹一句文言"噫吁嚱"？显然，后者不符合当下的语境，与我们的生活相差十万八千里，佶屈聱牙，不知所云。广告文案并非文学术语，其基础是与人沟通，而沟通就是正常地说人话，说让人听得懂的话、让人记得住的话、让人忍不住想引用的话。

当然，在我们的生活中还有一些不好听的话：有的话啰唆，说了十几句只有一个要义；有的话粗俗，各种不雅词语暴露出十足的痞气；有的话虚伪，全是漂亮话，却没有一句说到关键点。广告文案是说话，但不能说这样的话，它们是文案需要改正的缺点：冗长且无效、粗俗且无聊、虚伪且狡猾。

这样的话，成不了文案。文案是说话，不过要好好说话。好好说话的基础要求是简洁不啰唆、说出最重要的信息、让人可以愉悦地接受。

例如，我们可以说"你并不全知，所以需要通过学习来求知"，但不可以说"你太笨，所以需要通过学习来求知"。从逻辑上讲，这两句话的信息点相似，但后者有一种语言上的压迫感，让人心生厌恶。尽管现在有些广告为了吸引眼球而故意恶搞，但一个正直的文案创作者应该知道，那只是投机取巧，并非真正的文案之道。

真正懂得说话的文案创作者可以利用恐惧心理进行创作，但不能带有歧视意味：他可以写出"我害怕落后，所以才要拼"，包含鼓舞的精神；也可以写出"买下山和海，只为好食材"，让卖点表现得更真实；还可以写出"爱，是陪我们行走一生的行李"，饱含一种温情。这些文案，就是好好说话、认认真真地说话、说出令人信服的话。

16.2 好好说话的三层境界

"良言一句三冬暖，恶语伤人六月寒"，这句话表明不同的语言产生的影响大相径庭，成语中也有"出口成章"与"喋喋不休"的褒贬之分，可见好好说话可以分为不同的境界。

普通人说话，只要在与人沟通时没有障碍就算能说明白；有文化的人说话，表面之下有文章，弦外之音有所指，总要让人悟一会儿才能明白；受欢迎的人说话，生动传神，既能让人深思又能广为流传。说话者的境界在某种程度上决定了话语影响力的高低，这也暗含了文案写作的标准。

文案写作就是好好说话，可是怎么才算"好好说话"呢？我将其分为以下三层境界。

16.2.1 说好懂的话：清晰准确

无论是说话还是文案写作，第一标准都应该是"清晰准确"。表达的主要目的是与人进行沟通，让人明白无误地了解我们要传递的信息是什么。说好懂的话，是文案写作的第一层境界。

什么是清晰准确的话？很多人以为自己明白，其实不然。清晰准确并不容易，因为其中存在一个视角转换的问题。人们在向其他人表达一件事情的时候往往从自己的角度出发，以自认为其他人能懂的语言和沟通方式进行表达，有时候便会造成误解。尤其是在很多情况下，我们说的话本来就是表意模糊的，是在特定语境之中的内容。

例如，如果要表达"汽车空间大"，我们要怎么写文案呢？

有人可能会说："这款车外面看起来小，但是进去之后你会发现'呀！空间还是挺大的！'"

这句话够清晰吗？一般情况下，我们可能会这么说，普通的文案也可能会这么写。看似在陈述一个事实，实际上它是不够清晰的。

在这句文案之中，至少有以下三个模糊点。

① 外面看起来有多"小"需要特意强调吗?

② 进去之后有多"大"需要具体描述吗?

③ 整体带来的利益点是"空间大"还是"利用率高"(二者好像是同一个利益点,其实文案读起来的感受不一样)?

仔细分析我们就能明白,这句文案还可以更清晰、更准确、更好懂。为了让消费者真正体会到"超大空间"的卖点,我们至少需要描述一下这款车的空间大到何种地步,这样消费者才会明白"空间大"这一真实利益点,如以下奥格威的文案。

第一眼看上去,奥斯汀是比其他家用车小。但是,当你坐进去,一定会惊讶:这空间如此宽大!没有多余的浪费,每一英寸都被很好地利用。4个身高1.8米的人舒适地坐在里面也没问题!

请注意,上述文案的核心是让消费者明确地知道"空间足够大"这一感知,将笼统的惊讶感量化为具体的形象感知。

这就是"清晰准确"的第一个标准。

第二个标准是逻辑清晰。很多情况下,我们说话的逻辑是不清晰的,相应的文案自然也无法让人清晰地感知,如以下文案。

层叠排列的石材塑造建筑大师般的空间艺术,恢宏的气势带来一种让人仰望的视角,令美式庄园的气象在当代人居文明之中得到传承。轩敞的空间尽显北美建筑的宏大和高雅,匠造手工质感的面砖,让外墙给人一种凹凸有致的美感,弥散与生俱来的大宅气象。

这是地产文案惯用的手段，堆砌辞藻，塑造一种豪宅的气象。然而它到底在讲什么？类似这样的文案充满空洞的虚荣感，而且逻辑混乱，根本无法让人清晰地感知产品的卖点。

其实，我们可以重塑表达的逻辑，让文案一下子清晰起来。

这是一幢欧美风格的建筑。

设计师说，在当代人居文明之中，需要一种现代艺术感的融合。于是，它拥有了美式庄园的气象。

匠造者说，水泥空间的现代化城市，缺乏一种手工质感的纯粹。于是，凹凸有致的面砖，为外墙增加了一种特别的匠心。

消费者说，昔日筒子楼的局促让人烦躁，这一次我要住得舒适一些。于是，宽敞大气的空间设计，满足了新家应有的欢乐气象。

这样的修改其实就是让原本的文案逻辑更顺一些，表达得更清晰准确一些，也就是"说好懂的话"。

好懂的话不是华丽的话，而是能让人清晰感知、准确理解的话。将含糊的内容转化为可感知的形象，是一种方法；从混乱的表达之中寻找一条逻辑线索，也是一种方法。

16.2.2 说好听的话：生动有趣

好好说话的第二层境界是说好听的话，将本来平平无奇的产品功能或卖点写得生动有趣，让人可以读下去。

在文案创作者之中，许舜英、李欣频自成一派，她们都有令人惊叹的好文案。例如：许舜英的"服装就是一种高明的政治，政治就是一种高明的服装"就是生动有趣的代表；李欣频的"你怎么过一天，就怎么过一生"同样具有鼓动性，让人产生珍惜时间、改变命运的强烈念头。

不过，我所认同的"生动有趣"并非互联网口语化的、生搬硬套的谐音梗和浮夸之词，如"我型我速""燃鹅不一样""粽享丝滑"等。这种文案追求一种语法上的巧合，并非真正的生动有趣，只能算小花招。

生动有趣一般可以通过比喻和通感的修辞手法来实现，带来一种丰富的联想和洞察，让人禁不住去琢磨、深思、不断玩味。

印度文案大师弗雷迪·伯迪曾写过一系列公益文案，其中有一句特别生动，"有时，孤独跟关节炎一样痛"，让人为之着迷。

有时，孤独跟关节炎一样痛。

露出笑脸会花掉你多少钱？
半个小时。
三块自家做的蛋糕。
自己采摘的花朵。
你男朋友的一张照片。
一个长途电话。
模仿一下戴夫·安南。
问一些问题。
读一篇小说。

听一个故事。

星期天早上出其不意的拜访。

遛狗。

换一个灯泡。

讲一个笑话。

征求一下他的建议。

给他一些建议。

调情、闲聊、笑、聆听。

你只要花一点儿时间陪陪老人就够了。

仔细品读，这个文案之所以"生动"，是因为他洞察到老人身上的两种"痛"，并将其联系在一起。"孤独"每个人都有，但是并不具体，也不疼痛。而他选择写老人并联系老人身上的病痛，把孤独形容为"关节炎"，让文案一下子生动起来。

他还写过一句"当我想听到别人的声音时，就打开电视机"，同样描述孤独，生动且耐读。

说好听的话可以帮我们写好文案。"好听"并非巧言令色，而是深入人心，它是将信息生动有趣地表达出来，正如 Kindle 之前做过的一个广告战役，"盖 Kindle，面更香"，通过趣味性文案延伸了产品的使用场景，更好地让品牌"出圈"。

一句有趣的话可能就是一句生动的好文案，让品牌和产品得以广泛流传。生动有趣是普通文案的再次升级，也是文案创作者追求的第二层境界：好听才好"出圈"。

16.2.3 说好传的话:传神出奇

为什么有些广告能被大众熟知?为什么有些广告明明也投入了很多钱,就是没有任何效果?问题在于,很多文案并不具备传播性。那些广为流传的文案,往往具备一种神奇的传播基因。

正如说话一样,有些人说的话就是忍不住让人分享和传播,如"不管白猫黑猫,会捉老鼠就是好猫""世上无难事,只怕有心人""吃亏是福""有舍才有得"等。这些话广为流传甚至妇孺皆知,是真正具有影响力的金句、名句,也是我们学习文案写作的好素材。

其实,这种类似于民间俗语的文案在广告行业中被称为"品牌谚语",意思是品牌文案要像谚语一样朗朗上口、通俗易懂、传神出奇。华与华的方法论将这种依托文化母体的文案称作"超级话语",它指的是将文案与大众熟知的超级IP联合起来,包装为一个内容,从而产生传播力。在华与华的案例之中,"我爱北京天安门正南50公里""一个北京城,四个孔雀城""爱干净,住汉庭"等,都是具有传播力的文案。

传播力的核心是什么?是听起来有道理。在我们的日常生活之中,民间谚语、俗语、熟语等通常更容易流传,因为它们会在有意无意间揭示一种现象或一个道理,如"早霞不出门,晚霞行千里"告诉我们一种气象规律,传授一种判断天气的方法;"只要功夫深,铁杵磨成针"蕴含一个意义深刻的故事和道理,启发世人积累"日日不断之功"。

同理,在广告之中,品牌口号、海报文案、文章标题等需要凝练表达的句子,也应追求类似谚语一样的效果:传神出奇。

如何写出这样的文案呢？前提就是像说话一样，说好传的话。

在形式上，采用三、五、七字句，上下两句对偶，音律也要和谐，因为这符合中国人传统的语言习惯。经过上千年的诗词文化浸润，我们自然而然地认为顺口溜、打油诗、排比句、对偶句更有道理，以往的行文规范也是如此，所以我们更容易受到它们的影响，如"贵人来，金茅台""爱的是酒，只掏酒钱""买下山和海，只为好食材""不在乎天长地久，只在乎曾经拥有"等广告文案就具有这样的特性。

在内容上，好传的话往往能打动别人，内含一种说服人心的话语逻辑。文案与说话一样，不能"耍流氓"，直接强迫消费者"就买这个"，这是一种粗暴的压迫感；而应该讲明道理，告诉消费者为何买这款产品或在什么场景中用得上这款产品，让文案变为一种建议，传达一种道理。例如："怕上火，喝加多宝"，告诉消费者这款产品具有何种功效；"贵人来，金茅台"，表明金茅台适用于什么场景；"买下山和海，只为好食材"，是对"好食材"的进一步证明。这些文案就是令人信服的"打动句"。

在效果上，容易记忆的话更好传。其中既有赖于品牌主的广告投放，又有文案本身的话语力量。熟悉的内容更容易走入人心，因为它具有亲切感，更能攻破人心的防线，成为影响行动的"超级话语"，如"去屑实力派，当然海飞丝""喝孔府宴酒，做天下文章""坐红旗车，走中国路""要想皮肤好，早晚用大宝""农夫山泉有点甜""经常用脑，多喝六个核桃"等。

好好说话虽然分为三层境界，但是只有一个目的，那就是产出广为流传的话语。清晰准确的表达是基础条件，生动有趣的调性是升级提高，传神出奇的效果是追求目标。

一句话，只有先说明白，才能再说好听，最后才可能好传。好好说话就是找到容易流传的话语，以文案之力扩大品牌或产品的影响力。

对于文案创作者来讲，无论是写长文案还是写短文案，好好说话都是基础素养和标准要求。

首先，我们要说浅白的话，将含糊的话语变为具体可感的内容，切忌用太多形容词表现感受，而应该通过选用量词、描述场景的方式表述一句通俗易懂的话。

其次，我们再说有趣的话。有趣的话并非刻意搞笑的话，而是读起来巧妙别致、让人印象深刻的话，如生动的联想、贴切的比喻、"扎心"的话语等就是有趣的话，让人的内心为之一动。

最后，我们还要说具有传播力的话。它或许是一篇小文章，写的是一个人们深有同感的故事；或许是一句话，来自一种锐利的洞察，让人刻骨铭心；或许是一首诗，成为广泛流传的精神食粮，让麻木的心再次苏醒。

做一个文案创作者就是做一个好好说话的人，面对众多的信息和干扰，面对不同的对象，只说那句真正有效的话，这样创作出来的文案才难得！

16.3 好好说话，从今天开始

好好说话，并不容易。要想做一个好好说话的人，你要从生活点滴开始。首先,你要保持一颗真诚的心,在客户面前敢于直陈市场环境和传播问题,在同事面前敢于表达真实的想法,在消费者面前敢于开诚布公地与之交谈。这些其实都很难。

其次,你还要从自己的文字中舍弃一些无关痛痒的废话和赘言,删除一些华而不实的辞藻,让文案融于现实的语境之中。例如,夸一个人可以不用"出水芙蓉""闭月羞花"等一长串形容词,你只需要描述她的动作"她走来,坐下,脚上沾满露水,路过一个黎明",让人们自己去想象、去补充意义即可。

最后,最重要的是精益求精。一句话有一万种说法,如果不够凝练,你可以再想一想;如果不够明确,你可以再改一改;如果不够直白,你可以再调一调。总之,只要你还不够满意,那么这句文案就不配出街。你应该精益求精,直到找到满意答案为止。

好好说话,从今天开始。

第17章

好文案，好好练习

一个从来没有跑过步的人无法成为百米赛跑的冠军，在每一个冠军背后，都藏着一段刻意练习的苦和累。

但这并不是说只要经过时间或经验的积累，一个人就一定可以成为某个行业的专家或某个领域的前驱。其中还需要正向反馈机制、设立目标体系、分阶段完成计划，之后一步步努力升级，最终我们才能实现理想。

正如人的一生要吃好几万顿饭，但并不是每个人都可以成为美食家一样，我们每天看那么多条资讯、回那么多条微信、拍那么多张照片，却不能因此就成为文学家、小说家、摄影师。

做个好文案需要好好练习，关键词不仅有"练习"，还有"好好"。以什么样的方式练习？达成什么样的效果？产出什么样的内容？这些都是文案创作者在刻意练习时需要思考、解答的核心问题。

17.1 伟大是"熬"出来的

我在大学时有一位学弟,他学的是建筑工程与房地产专业。后来他加入了文学社,与我们一起排话剧、拍视频,逐渐转为一名摄影师。我问他是怎么办到的,他的回答只有一句话——硬着头皮上,拍得多自然就行了!

我一路见证了他的成长:最初,他只有一部千元级手机,下载各种摄影 App、研究成像原理,形成了对于光影和构图的初步认识;大学时,他已经能用手机拍摄很多精美的照片,无论是静物、风景还是人物,都足以令人惊艳;后来,他将自己的作品上传到某软件中,收获了十几万名粉丝;毕业之后,他彻底放弃了原来的专业,进入了一家著名的影视公司,成为一名编导。他用四年时间的积累,一步步改变个人命运,最终实现了理想。

他的成长经历充分说明了一个"刻意练习"的过程:从最初的兴趣爱好,到看各种视频教程,再到不断地实践,一步步将自己"熬"成了一名摄影师。

另一个叫八尺的同学同样励志。在大学读机电专业的八尺,因为兼职被"骗"去写书稿,图书编辑说不要求原创,写一部书给他 500 块钱,耿直的他在一个暑假期间写出了一部十二万字的小说,完全原创。后来,过完暑假的八尺回到学校,那家图书出版公司倒闭了,他的书也石沉大海。但是,他从此爱上了写作。我是在学校为出版书籍征稿的时候认识他的,当时他已经写出了十几部短篇小说,戏称是"一个骗子拯救了他"。

那时候，他的文字对于中文系的我来讲略显幼稚，我甚至判断他在这条路上走不远，只能是一个爱好者。没想到，漂泊在北京的他一直在寻找与文字相关的工作，但因为个性突出，他不断被各种公司辞退，失业的时间大于上班的时间。后来，我从他的公众号中看到他仍然在努力，在失业期间大量阅读、创作，日日精进。几年过去，他的语言变得格外简洁、灵动，我不得不叹服他驾驭文字的能力，也成了他的粉丝。

2019年，在第一届今日头条全国新写作大赛中，他获得了二等奖，得到了三十万元的奖金。当时，我甚至比他本人还要惊喜。因为我深深地知道，这一路走来他经历过的艰辛和痛苦。

作为八尺文学才能觉醒的见证者，我佩服他的勇气，也感慨这一蜕变的过程。这是大量练习的成果，也是刻意提升自己所获得的成就。

以上两个实例对于文案写作的启示是：经过大量练习和不断精进，理论上我们可以实现任何一种理想人格，只不过这一过程需要长期的投入和坚持。做个好文案，也需要经过时间的积累、技巧的磨炼、思维的训练、境界的提升。

其实，写作这本书的过程就是一个字、一个字"熬"出来的。我利用业余时间写作，晚上写到深夜，视线模糊的时候也得熬下去。因为我知道，只有"熬"出头，才能出头。

如果文案创作者有什么心法的话，那么我只想说一句诚恳的话：一点一滴，好好练习。

17.2 刻意练习的奇迹

刻意练习不是简单地重复，也不是将一句话写一百遍。从上至下，刻意练习至少分为以下三个层面。

第一个层面是思维练习，通过事物之间不断的碰撞擦出火花，培养多角度思考的习惯，打通自己的思维结构。

第二个层面是创意练习，无论是在工作还是在生活中，我们都要以创意者的心态应对和处理各种场景。

第三个层面是写作练习，笔下功夫是文案创作者的基本功，通过写作磨砺自己的笔锋，抓住每一个提升自己的机会。

借助以上三个层面的锤炼，或许我们会见证某些奇迹的诞生。

17.2.1 思维练习：观点的多面性

无论是做文案还是做生意、当老师还是当高管，核心能力都是思维的能力。思维的能力是可以创造新生事物、成就高光时刻的可能性。

文案写作的原动力其实来自大脑，大脑可以产生创意灵感、诞生文案巧思、驱动创作过程，而思维的练习就是对大脑的塑造。

练习什么思维呢？文案创作者需要从不同层面理解和看透需求，我们首先要练习多角度思考的能力，也就是观点的多面性。

一个观点可以从多个角度理解，经过深思熟虑的观点往往更加犀利和新颖，可以具备足够的穿透力。从不同层面切开一个西瓜，我们可以得到不同的形状，对于事物的理解同样如此。

从更多的角度看问题，可以帮助我们塑造一个睿智的大脑并产出源源不断的创意。例如，"下暴雨了"是客观事实，我们可以从多个层面理解这一事实，找到一个非同寻常的认知视角。

对于上班族来说，这不过是天气的骤变，或许人们只关心自己带没带伞，不会考虑其他的问题。

对于卖伞的人来说，今天坐在地铁出站口卖伞，至少能赚几百块钱，是一件极为喜悦的事情。

我们加一点情绪，如果一个人被公司辞退，又赶上暴雨来袭，还没带伞，那么他会是一种什么样的心情？其中的辛酸也是一种理解角度。

再想一想，如果暴雨成为灾害，它又将殃及多少生命、成为多少人怨愤和咒骂的对象？

可见，在一件事情的背后隐藏着很多的信息和内容，如果我们从中选取一个未曾被注意到的角度，或许就可以创作出独特的文案。

还有这样一个角度："下暴雨了"意味着人们必须"宅"在某个空间内，暂停一切需要外出的活动。这时候，我们可以用"暴雨"代表一种暂停，让人们学习等待。基于这样的逻辑，一场不曾停止的暴雨就是一场永恒的等待，由此可以产生一种独特的思维逻辑：你在等雨停下来，雨也在等你停下来。这句话本身就足以成为一句了不起的文案。

思维的练习就是对单一事物产生多面理解，从而找到足够特别的角度，形成新颖的观点。

对于文案创作者来说，同一个卖点的表达也有很多不同的角度,只要探索不止,就有无限的可能。曾经有一位前辈,她告诉我写文案的秘诀就是"多写"。我曾目睹她为某个火锅店写一套文案,用各种角度进行尝试,只为写出令自己满意的作品:从人生与美食的关联角度,她写出"皱巴巴的人生,要不要烫一烫?先涮个肥牛",打通食物与人生境遇的联系;从爱情的角度,她又写出"爱本来就是英雄主义啊!从纵身一跃的那天起,就没打算浮出锅底",道尽一种陷入爱河的感觉。

从不同的角度进行大量创作,看似浪费,实则是一种塑造的过程、思维的练习。

17.2.2 创意练习:混合一切可能

创意练习紧跟思维练习,或者与思维练习一同进行。混合思维是诞生新鲜事物的开始,而创意本身就是混合一切可能。

"黑暗料理"、跨界营销、化学反应,无不是混合物多重作用的结果,将不同的事物混为一体其实就是一种创新和创作。把内裤套在裤子外面是"超人",把内裤套在头上则是"怪人",同样是混搭,位置不同,效果也千差万别。

对于文案创作者来说,创意练习就是不断地混合各种要素,反复寻找更多的可能性。在日常生活中,我也会进行大量的创意练习,我曾将文案创作过程的痛点与诗歌形式相结合,形成了一套《广告人诗歌集》,成为业内人士竞相讨论的热点话题,如以下这首《开心石榴》。

石榴擅长使用笑脸,

摁住多年的病症。

她体内那么多结石,

怎么就成了开心果。

我以水果喻人,结合诗歌的创作形式,产出了一套充满奇思妙想的作品,带来了众多关注和流量。

类似的练习还有许多,我曾在网上看到一张复古的年画,突然觉得这种形式与广告人"时尚潮流"的大众印象反差很大,因此创作了一套《广告人写真集》,采用年画海报的宣传方式表达广告人的各种状态,如"继承广告行业光荣传统,做创新主义接班人"等,仿照宣传画报的口吻进行二次创作。

创意练习就是混合更多的可能性,养成敏锐的观察力和丰富的想象力,不受限于眼前的答案,畅想更多的内容和方式,一个合格的文案创作者应该时刻这样训练自己。

例如,在六一儿童节的时候,我看到很多品牌以"孩子"为主角做创意广告,大家都将视线的重点放在孩子身上,我却在想:难道"孩子"只能是人吗?不能是其他的生物,甚至不是生物吗?

在产生了这个念头之后,我做了一个创意练习:将生活中具有先后顺序的事物找出来,然后打乱顺序混合在一起,形成一种全新的因果逻辑。于是,一首颠覆因果逻辑的诗《孩子》就诞生了。

脸红是心跳的孩子。

落日是时间的孩子。

牙齿是骨头的孩子。
灵魂是狂风的孩子。

只有孤单，至今不知道，
他是谁的孩子。

《孩子》这首诗的诞生，完全是一次创意练习的结果。通过创意练习，我们可以随时随地产生新的想法、新的视角、新的作品。

创意练习，无处不在。用混合一切可能的思维，训练自己的创意能力，久而久之你便会发现，灵感就在咫尺之间，俯拾皆是。

想一想，你的身边有哪些事物可以重新组合？说不定将它们组合在一起，本身就是一个神奇的创意呢？

17.2.3 写作练习：走到哪写到哪

刻意练习的重点是写作练习，我们主要针对的也是它，上文的思维练习和创意练习都是在为写作练习打基础。只有在基础打牢之后，写作练习才会更加强效、稳固。

其实在生活中从不缺乏写作练习的机会，小到发布一条朋友圈消息、回复一句评论，大到准备一篇演讲稿、写一段年终总结。文案创作者要珍惜每一次写作练习的机会，因为它们是一种锻炼，甚至可以成为改变命运的契机。

如果你要发布一条朋友圈消息，那么可以简单思考一下如何写得更有意思，让更多人点赞、评论。生活之中的各种事情都可以与朋友圈中的强大人脉圈相关联，从而形成一种粉丝效应。如果你的文案出众，就可能得到更多人的回复，反之则冷冷清清、无人问津。

一个文案创作者如果连自己的朋友圈都经营不好，那么他恐怕不适合这个工作。

除了朋友圈，生活中处处都可以练习写作：为同事写一张生日贺卡，为朋友结婚留言祝福，甚至为电商卖家评论，这些场景我们都可以拿来训练自己。如何才能写得出色？如何才能脱颖而出？如何才能展现自己的真诚？经过反复的思考和练习，你或许可以找到答案，写出令人惊喜的句子。

以发生在我身上的一个真实故事为例，在某款相亲软件中，因为"文案强迫症"，我格外认真地填写了一份相亲资料，得到了很多女生的主动联络。

在"感情观"那一栏中，我填写了以下内容。

先是吃到一起去，吃遍世上山珍海味。
再是聊到一起去，从相谈甚欢到互生喜欢。
最后是想到一起去，只有三观一致才能长长久久。

而关于"心仪的她"那一栏，我还运用了一些文案技巧。

有一副好心肠，哪怕刀子嘴一点。

有一份小工作，哪怕回家晚一点。

有一个高颜值，哪怕粉底厚一点。

有一颗知足心，哪怕隔壁老王更帅一点。

因为这份相亲资料，我得到了很多女生的关注，之后也如愿以偿找到了女朋友。对我而言，只是认真对待了那一次表达机会便真的收获了一份感情。所以人生中每一次写作练习的机会，我们都应该认真对待。

写作练习不受时空限制，在任何场所或时间内，任何有感而发的内容，我们都可以当作写作练习的素材，如旅行时的一份小游记，阅读时的一段小感悟，情不自禁时的一首小诗等。只要你想写，都可以把它们当作练习机会，或字斟句酌，或洋洋洒洒，只要能慢慢建立起一种写作习惯，今后便会获益匪浅。

走到哪写到哪，是写作练习的真谛。刻意练习的过程，也是寻找反馈的过程。你可以将写好的内容发布到社交平台或相应的专业网站中，通过平台的反馈获取更直接、真实的评论，不断地重塑、提高自己。

在音乐电影《8英里》中有这样的一幕：酷爱嘻哈音乐的主人公吉米坐在公交车上，头戴耳机，从裤兜里掏出一张满是歌词的纸，跟着节奏，填写代表自己人生时刻的歌词。

电影主人公就是一个走到哪写到哪的歌手，他用自己的经历诠释了两个非常纯粹的字：挚爱。

如果你也是一个挚爱文字的人，那就试试走到哪写到哪吧。因为人生并不永恒，我们笔下的文字却可以隽永。

17.3 "上帝从不眷顾懒虫"

付出会有回报。好文案是好好练习的结果,它要求我们必须保持一种勤奋、坚定的心态,把每一次写作当作一个练习的机会,这样每一次努力才会得到应有的回报。

无论是在现实生活还是在理想世界中,我从未见过真的可以"躺赢"的人生。某直播达人看似轻松的直播状态,实则是他每天坚持大量训练的结果,从早到晚不间断的工作和输出逐渐奠定了他"直播一哥"的地位。

有时候,我们看到别人的成功好像很容易,却看不到别人背后付出的努力。正如广告行业中的出街作品往往是在经过了无数个被否决的稿件之后才得以推出的一样,那些被否决的过程不就是练习的苦和累吗?

"上帝从不眷顾懒虫",这是我想对所有从事文案工作的小伙伴们分享的一句话。不要自负地以为"我就是天才",觉得不必练习,灵感会送上门来,让自己写出惊艳全世界的文字。"天才"的代言人爱迪生曾说"天才就是1%的灵感加上99%的汗水","1%的灵感"或许每个人都曾有过,"99%的汗水"却不一定是每个人都能付出的。

除此以外,我们还应该明确有一些"知识"是虚假的概念、是不切实际的欲望,甚至是思想的枷锁。"实践出真知"才是好好练习的底层逻辑,它要求我们在实践中获取真正的知识,得到属于自己的真实体验。

"上帝从不眷顾懒虫",要想成为一个好的文案创作者,有一条必经之路:练习,练习,好好练习。

第18章

好文案，好好积累

荀子在《劝学》中说"不积跬步，无以至千里；不积小流，无以成江海"，告诫世人"锲而不舍"的重要性。

欧阳修也在《三上》中说"平生惟好读书，坐则读经史，卧则读小说，上厕则阅小辞，盖未尝顷刻释卷也"，将自己"平生所作文章"的经验总结为"三上"，即"马上、枕上、厕上"。

先贤之言早已告诉我们如何利用碎片化的时间成就自己，无非就是两个字：积累。金融专家喜欢用"复利"的概念讲述这种思维，他们称其为"做时间的朋友"。

小时候，生活在农村中的小伙伴，在农忙时节经常会去麦田里拾麦穗，因为在刚刚收割完麦子的田野之中总会遗落一些麦穗，它们颗粒饱满，只是不慎掉落在地，人们不方便花时间捡拾。这正好给了我们这些小朋友大展身手的机会，我们手小、动作灵活，弯腰捡拾麦穗就成了我们农忙时的功课。一天下来，奔跑在田野地头，总能收获至少一袋子的麦穗，然后拿去卖了换两个大西瓜，心里是满满的成就感。

这个"捡拾"的过程就是一点一滴积累的过程：从一根麦穗到一袋子麦穗，是积少成多；将一袋子麦穗卖了换西瓜，是收获的喜悦，也是价值变现。

文案写作同样要经历这样一个过程：从慢慢积累开始，渐渐找到感觉，再梳理思维方式，推开洞察之门，形成自己的创意标准，按照自己的方式认真执行下去。

要想做一个好文案，我们必须从小事做起，不断构建自己的感知系统，使之长成一棵枝繁叶茂的参天大树，之后的工作就是从树上"摘果子"，手中有粮，心中不慌。

知道了积累的重要性，我们再看看积累的方法。积累是一个过程，也是一段不断探索和征服的旅程，需要我们执行一个完整的策略：先建立自己的思想库，再成为合格的内容管理员，最后和时间做朋友，见证自己一点一滴的成长。

18.1　建立自己的思想库

什么是"思想库"？思想库就是"战备粮仓"，随时为自己的创作提供"灵感养料"。每一个广告人都应该拥有一个自己的思想库，无论是设计师、文案创作者还是策略人员，以自己的方式建立思想库，都是积累的第一道工序。

那么如何建立思想库呢？我有两个核心方法，分别在电脑端和笔端操作。

一个方法是在电脑端建立一个文件夹，可以根据不同的分类积累案例或灵感素材，如根据内容形式分为文案篇、设计篇、视频篇、创意篇等，按照自己的习惯进行整理、排列，必要时还可以作为索引，方便查询；根据品牌的品类可以分为汽车、金融、服饰、鞋包等，形成一系列便于自己检索的分类，打造自己的灵感库。

但在这个过程之中，我们必须要有梳理和总结，形成初步的创意雏形，如以后这些素材、灵感要用在哪个地方、怎么用，这些问题都需要我们确立自己的标准。如此一来，我们打开思想库会变得更简单，使用思想库也会更便捷。

另一个方法是在笔端操作的。我们需要准备几个笔记本，将平时看见的好文案、好创意、好点子抄写下来，闲时看一看，刺激一下灵感，忙时也可拿来应急，在其中寻找好的参考内容，通过摘抄的方式养成随手记录的习惯，扩大思想库的内容空间。

我常常在"弹尽粮绝"的时候翻一翻我的摘抄本，从中寻找灵感，或许某一句内容就会带来一种前所未有的启发。例如，我在为某个品牌设计感恩节创意海报的时候，翻了翻自己的灵感摘抄本，看到了陈绍团的一个文案"感谢冰峰，感谢风暴，感谢悬崖，感谢缺氧"，由此创作出感恩节海报，以感谢各种物品为创意方式，突出产品的优势及特点。

这就是思想库带来的好处。无论从事什么行业，想进入专业领域都必须深入研究，这需要我们拥有广阔的视野，包纳更多的可能性。中药店有各种不同的抽屉，每个抽屉里有不同的药材，方便医生为病人搭配出不同的良方。文案创作者的思想库同样如此，我们要保证每一个"抽屉"里都有"药材"，以便组合、搭配出无数"良方"，为文案创作提供源源不断的素材和灵感。

18.2　成为合格的内容管理员

有了思想库，我们还必须成为合格的内容管理员，对思想库进行系统的排序、编辑，形成"收集—整理—入库—索引—提取"等一系列完整的流程，建立足够完善的反射机制，并作用于文案写作的整个过程。

我们应该如何做到这一点呢？我将其总结为以下四种方式。

18.2.1　读书常摘录

作为文案创作者，一个比较直接、简单的获取知识的途径就是读书。读书的好处说不完，但是会读书的人并不多。真正会读书的人，对一本书要经历略读、精读、品读三个阶段，也就是对一本好书至少要读三遍。

第一遍是快速浏览的略读，大概掌握故事结构和内容梗概，如同庖丁解牛一般，对书的大体框架有所认知和把握。

第二遍是正常速度的精读，以正常的读书速度精读书中的标题、篇章、主要内容等，对重点内容做出标注，必要时还可以用不同颜色的标签纸进行分类、归纳，完整地吸收书中的知识内容并转化为自己的精神养分。

第三遍是带有鉴赏态度的品读，品读一部优秀的作品，需要我们具备一定的文艺理论知识，以文学活动四要素为依据，即从世界、作者、作品、读者四个维度解读、分析内容，这样既吸收了知识，又锻炼了自己的鉴赏能力。

书读三遍，其义自见，这是真正会读书之人的境界。对于文案创作者来说，还要做一个很重要的工作：摘录。我们一定要把书中比较厉害的句子摘录在笔记本中，使其成为思想库中的"弹药"和素材。

随手摘录是一个文案创作者的必备技能，如果再细致一些，我们还可以进行内容的分类和拆解：如果一句话对你产生了冲击，你就可以思考将这句话放在广告之中，它适合哪些场景、应该如何表现，同时将这种思考记录下来，为以后的文案如何使用这句话注明思路。

例如，汪曾祺先生在《人间草木》中写道："如果你来访我，我不在，请和我门外的花坐一会儿，它们很温暖，我注视它们很多很多日子了。"这个句子流露了作家独有的温情，充满了柔和的美感。当我读到这句话的时候，首先产生的是上述感官评价，然后想到这种感觉特别适合家居类品牌的文案写作，于是我在这句话下面备注了"家的感觉"。

汪先生将"花"拟人化，给人一种通感的体验。延续这种体验，我想到了如果家会"说话"，应该会是一种特别的创意。紧接着，一套文案便保留在了我的笔记本中,我让很多家具"开口说话",以温情基调展示一种家庭生活的美好,可以用于宜家、美的、方太等品牌的文案创作之中,如以下两个示例。

沙发说,我心太软,
但我撑起了全家人的舒适。

冰箱说,藏了很久,
是不想让有些故事立即过期。

以一种为我所用的心态读书、摘录笔记,可以帮助我们随时随地产出创意,为自己的文案写作积累源源不断的素材。

18.2.2 灵感随手记

在日常生活中,我们的脑海里经常会诞生各种奇奇怪怪的想法,这些都是创作的灵感。灵感稍纵即逝,养成随手记录的习惯可以帮助我们将灵感保存下来,为之后的创作提供意想不到的可能性。

这种突发式的灵感一般不适合记录在笔记本中,因为它们是突然而至的。要想立即抓住它们,我们最好使用手机。睡前、梦中、旅途中、上厕所时,这些"非常时刻"特别容易产生灵感,通常我会先使用手机将这些灵感记录下来,以备日后使用。

例如,夏天在家的时候,我喜欢光着膀子,有一次做饭,光膀子系围裙,在路过穿衣镜时,脑海里突然蹦出一句话:男人最性感的衣服是围裙。由此我产生了一个灵感——寻找"世界上最性感的创意"。一提到"性感",我们往往想到女人穿紧身裙的画面,其实"世界上最性感的创意"是将这种暗示改变一种角度,从而创作出不一样的"性感时刻"。

如果男人最性感的衣服是围裙,那么还有没有其他让人产生反差印象的性感画面呢?寻找不同身份的人群和他们的"性感时刻"就是这个创意的关键点。例如,对于司机、厨师、医生等不同的职业,我们可以找到他们的反差时刻,从而塑造性感的形象。

养成一个好习惯,将灵感随手记录下来,你会发现原来生活中处处有素材、处处有惊喜。在我的手机记事本中,还有很多至今未曾面世的点子和文案,如"不像广告有限公司",做广告要"不像广告",因此我准备成立一个"不像广告有限公司";又如"背负理想,很沉吗?""擦干眼泪,走进风和雨""读再多的书,也绕不开生活的难""田野里的夏天在呼唤春天,可是春天已经走了"等,它们都是灵感,说不定将来哪一天就可以用到。

18.2.3 案例勤整理

还有一个直接获取创意灵感的方式就是对广告行业的案例进行整理,通过对各种广告知识的涉猎及案例的浏览,我们可以发现一些令人大开眼界的创意案例,并总结这些案例的核心洞察点及创意方式,形成"策略洞察—创意呈现—传播推广"等一系列完整的逻辑链条，建立完善的案例库。

案例库可以根据不同的逻辑来建立。第一种逻辑是按照不同的品类，将饰品、汽车、衣服、房产、日用品等进行区分、整理，建立相应的索引及分类。第二种逻辑可以通过人物或公司进行划分，如按照人物分为奥格威代表作、尼尔·法兰奇文案作品集等，感受不同创作者关于广告创意的个人风格；或按照公司分为华与华品牌服务案例集、之外创意作品集等，体会不同公司的方法论及实践。

案例的整理不局限于广告行业，也可以扩展到更多的品类及内容中。例如：对波普艺术的研究可以为画面设计提供一种新颖的参考形式，现代装饰艺术也可以为品牌营销活动创造灵感，化学和农业等领域的知识同样可以为创意的诞生和文案灵感的激发服务。

当下比较流行的跨界营销的方式就来自本领域与其他领域的创新搭配，从而构建一种全新的形式，为营销提供截然不同的新思路，如炸鸡味的香水、墨水色的矿泉水等，通过对产品的另类开发，引发社会性话题，由此打开一扇新颖的营销之门。

这种思维同样可以为文案创作带来新鲜的刺激：广告文案结合绘画可以产出文案拼图的创意，广告文案结合诗歌可以将产品卖点塑造为诗集的形式，广告文案结合药品包装可以打造"感冒颗粒"风格的作品。

我们可以通过长期积累案例修炼敏锐独到的眼光，磨炼机敏智慧的思维，以待未来某一天的"灵感大迸发"，产出伟大的创意作品。

18.2.4 阅历多积累

为什么人们说"有些道理只有长大以后才能明白"？为什么人们还说"那本书我在三十岁之后终于读懂了"？在这些话语背后，暗藏着一种对阅历的认可和重视。

阅历是真听、真看、真感觉，它不是纸上谈兵，而是一个人在亲身经历过某件事情后的真实体验。阅历带来的或许是一次生命的激活，或许是一次真相的领悟，又或许是一次痛苦的回忆，但它终归指向更加真实的场景、真实的体会、真实的人性。

有些事情没有亲身经历过，你不知道自己将采取什么样的人生态度来面对它们。当面对疾病、死亡、情感危机等命题的时候，只有你能为自己做出选择，并且承担选择带来的后果，这才是真正完整的体验。

父亲在几年前患癌症去世，我被迫体验了失去亲人的痛苦，这一突如其来的家庭变故让我活生生地体会到了什么叫作"子欲养而亲不待"。难道只是一种遗憾吗？没有亲身经历过这种变故的人只能想到一些空洞的形容词，但真实的感受可能恰恰是体现在一些细节感上的：家里不再需要四副碗筷，年夜饭后凑不齐一桌麻将，带女朋友回家没有父亲的祝福，在餐厅里看见别人一家欢聚时内心变得伤感……这些才是真实的场景体验，而不仅是一两个空洞的形容词。

要想做个好文案，我们要从人生阅历之中寻找大众的共鸣、为大众发声，才能产生"一呼百应"的效果。阅历丰富的人更容易体会生活的各种场景，也更容易写出具有"杀伤力"的文案。

例如，大卫·阿伯特为芝华士撰写的父亲节文案，全篇用多个"因为"开头，描写了很多家庭生活中的温馨时刻，"因为我已经认识了你一生""因为你允许我在草坪上玩蟋蟀""因为你坐在桌前工作而我躺在床上睡觉的无数个夜晚"等句子，将一个孩子与父亲之间的亲密关系酣畅淋漓地描绘出来，让人读起来非常有代入感。

为什么这样的文案能流传至今？因为它真正地走进了人们的内心。如果没有真实的阅历，那么这些好文案是无法诞生的。

做个好文案的基础，是做一个开放的人。把思想打开，欢迎各种或喜或悲、或成功或失败的经历，积累人生体验，以此开阔自己的眼界和心界，成为一个拥有更多视角和更多阅历的生命体。当写作任务来临时，我们只要打开自己的阅历库，从中找到对应的场景状态，将其转化为具有穿透力的话语，往往就能形成好文案。

因此，积累阅历也是完善思想库的一种方式。回到文案创作中，每一个文案创作者，其实自始至终都是在写自己，通过文案外化自己的所见所感、所思所悟。每一句文案都源自创作者本身的认知或感受，我们经历一切，正是为了不断地充实自己，将一个点延伸为一条线，再将一条线延伸为一个面，最后将一个面延伸为更立体、更多维的世界。如此，一个生命体便能拥有个人轮廓以外的"超级能量"，创作更多非同一般的作品。

建立自己的思想库，成为合格的内容管理员，我们可以从汲取以上四种方式的养分开始，逐渐内化知识结构和审美能力，将自己训练为一只创意"吸血鬼"，从不同的层面吸收、获取，以便转化为源源不断的创意灵感。

18.3 和时间做朋友

在这个世界上没有毫无道理的横空出世。一朵花要经历很长时间的等待才可能绽放，我们也需要用时间浇筑理想，一点一滴地为自己热爱的事业付出心血，迎接成长和收获。

做文案需要经历这样几个阶段：一是吸收阶段，大量汲取养分，从各种途径和素材中积累知识、智慧，培养一种"贪吃蛇"的心态，不断扩大自己的知识面并提高思维能力，形成创作"能量池"；二是塑造阶段，重复写作，训练自己的技巧，创作各种题材、各种形式的内容，掌握属于自己的最佳写作方式，追求创新、精益求精，养成一种创作习惯，塑造独特的思维方式及洞察角度，深掘自己的无限潜能；三是取舍阶段，尽量精简，雕琢创作的细节，用一个字可以表达的意思不必用一句话，用一句话可以说清的内容不必用一段文字，追求一语中的的效果，这也是文案高手的进阶目标。

无论哪一个阶段都需要我们长期的积累。摄影学中有一种技术叫作延时摄影，它是一种"压缩时间"的拍摄技术，将一组在长时间内拍摄的照片压缩为一段短时间的视频，可以表现花朵绽放的全过程或城市中车水马龙的快速运动状态，而这个过程利用的一个重要因素就是时间。通过捕捉时间镜头下的变化，我们可以看到事物的发展和进步，历数珍贵的画面，见证蜕变的过程。

积累，就是和时间做朋友。时间，会告诉我们努力的答案。